KB120142

이것이 행복이다

이것이 행복이다

초판 1쇄 인쇄일 2016년 10월 12일
초판 1쇄 발행일 2016년 10월 17일

지은이 권영세
펴낸이 양옥매
디자인 이수지
교　정 조준경

펴낸곳 도서출판 책과나무
출판등록 제2012-000376
주소 서울특별시 마포구 방울내로 79 이노빌딩 302호
대표전화 02.372.1537　팩스 02.372.1538
이메일 booknamu2007@naver.com
홈페이지 www.booknamu.com
ISBN 979-11-5776-270-5(03300)

이 도서의 국립중앙도서관 출판시도서목록(CIP)은 서지정보유통지원 시스템
홈페이지(http://seoji.nl.go.kr)와 국가자료공동목록시스템
(http://www.nl.go.kr/kolisnet)에서 이용하실 수 있습니다.
(CIP제어번호 : CIP2016024311)

*저작권법에 의해 보호를 받는 저작물이므로 저자와 출판사의 동의 없이 내용의 일부를
　인용하거나 발췌하는 것을 금합니다.
*파손된 책은 구입처에서 교환해 드립니다.

웃음천사와 함께 행복 만들기

이것이 행복 이다

권영세 지음

책나무

　작년 10월, '웃음천사와 함께 행복 만들기' 시리즈로서 『행복이란 무엇인가?』라는 책을 출간하였다. '이것이 곧 행복이다'라는 주제 아래 웃음, 감사, 사랑, 나눔, 긍정, 칭찬, 친절, 건강, 봉사가 각각 어떻게 행복으로 작용하는지에 대해 다루었는데, 독자들에게 신선한 감동을 주고 있다는 평을 받아 이번에는 그 후속편을 약 1년여간의 준비 끝에 출간하게 되었다. 그 내용도 '웃음천사와 함께 행복 만들기' 시리즈인 만큼 '이것이 행복이다'라는 동일한 주제 아래 포용, 희망, 용서, 화목, 가족, 고운 말, 만남, 성공, 내려놓음이 곧 행복의 비결임을 담았다.

　이 책은 단순한 이론이나 학적인 내용을 담은 것이 아니라, 필자가 살면서 터득하고 살아가면서 얻는 행복을 전하는 것이다. 비록 긴 인생은 아니지만 필자가 웃음치료연구소를 이끌고 각 기관의 교정위원으로 활동하면서 얻은 경험과 지혜를 바탕으로 행복을 느끼고 누리며 사는 체험담을 담은 것이기에, 읽는 이로 하여금 생생한 감동을 느끼게 하고 삶에 변화를 가져오게 할 것이다.

　필자는 많은 아픔과 좌절을 딛고 다시 일어나서 자신의 행복이 아니라 타인의 행복을 위해 살아가고 있다. 타인을 기쁘게 하는 것이 곧 나의 기쁨이며 타인을 행복하게 하는 것이 곧 나의 행복이라는 깨달음을 얻었기 때문이다. 『행복이란 무엇인가?』를 읽은 분들은 이구동성으로 감동과 감격 그 자체라고 아낌없는 격려를 보내 주고 있지만, 이번에 출간하는 『이것이 행복이다』도 누구든지 읽는다면 행복한 모습으로 변화되리라고 확신하며, 그렇게 변화될 것을 기대한다.

　끝으로, 이 책이 출간되기까지 모든 후원을 아끼지 않은 사랑하는 아내와 큰딸 나흔이와 작은딸 나연이에게 고마운 마음을 전하며 도서출판 책과나무 양옥매 대표님께 깊은 감사를 드린다. 그리고 이 책을 집필하도록 지혜를 주신 하나님께 모든 영광을 돌린다.

　이제 필자와 함께 행복 여행을 떠나 보자. 필연코 행복 종착역에 도착하게 될 것이다.

2016년 10월

권영세

사회가 복잡해지면서 건강 100세의 소망이 늘어나면서 웃음의 효용 가치는 더욱더 커지고 있다.

웃음에는 돈이 들지 않지만 많은 것을 이루어 내는 힘을 가지고 있다.

어느 시인의 말처럼 '왜 사느냐 하고 물으면 그냥 웃지요!',

"행복해서 웃는게 아니라 웃다 보면 행복해진다."

나는 오늘 파란 하늘을 보며 잠시 행복에 잠겨본다.

열 다섯살에 시작된 나의 사회생활이 38년을 향해 가고 있다.

참 힘들고 어려운 삶의 숲을 헤쳐왔다.

돌아보면 내 자신이 대견하고 자랑스럽다.

여기까지 오면서 1만여 명의 제자와 200여 명의 강사를 배출해왔다.

또한 수많은 은사와 훌륭한 분들을 만났다.

그중 참 행복한 모습의 전형 같은 웃음천사 권영세 교수님을 만나고 행복한 사람이란?

행복한 삶이란? 어떤 것일까? 깊이 생각해 보는 계기가 되었다.

항암치료를 받았고 쓸개를 떼어 내고 면역력과 체력이 현격히 떨어진 상태에서도 군부대와 수많은 교도소를 돌며 2,500회가 넘는 재능기부 강의를 해 오시고 저와 함께 고려대학교 평생교육원 웃음치료와

주임교수 민영욱

고려대학교 평생교육원 / 웃음치료 펀 리더십 과정

펀 리더십 1급 자격과정에서 감동의 명강의를 해 오고 계신다.

늘 편안한 미소와 웃음으로 달관한 삶의 모습을 보여 주시며 진정한 인생의 승리자요, 웃음교육 전도사로서 이 시대의 표상이시다.

이렇게 훌륭하신 권영세 목사님께서 이번에 또 책을 발간하신다 하니 기쁜 마음으로 초고를 읽어 보고 감동이 큰바 여러분께도 일독을 권하는 바이다.

가정에는 3가지 소리가 있어야 한다.

첫째는 책 읽는 소리요

둘째는 대화 나누는 소리요

셋째는 웃음소리이다.

우리의 가정과 직장 그리고 사회에 웃음꽃이 가득했으면 좋겠다.

웃음은 그 자체로 선이요, 목적인 까닭이다.

오늘도 하하하~~~~~

웃으면 복이 온다는 오래된 진리를

오늘부터 실천해 봅시다.

권영세 목사님과의 선연은 오래전에 시작되었습니다.
소외된 곳과 어두운 곳에서 웃음을 꽃피우시던 목사님의 그림자 뒤에서 조용히 그분의 행복강의를 배우던 시기였습니다.

누구에게나 사랑을 표현하고 나눔을 실천하시는 권영세 목사님은 웃음천사라는 닉네임으로 많은 분들께 환한 미소를 지어주신 분이십니다.

『행복이란 무엇인가?』에 이어 『이것이 행복이다』를 출간하심을 진심으로 축하드립니다. 『행복이란 무엇인가?』도 깊이 있는 행복의 의미를 서술하셔서 감명 깊었는데 『이것이 행복이다』의 초고를 읽어보고 행복이 샘솟아 오르는 듯하여 여러분께 꼭 읽고 행복해 지시기를 권하는 바입니다.

서로 사랑으로 포옹하고 희망을 갖고 용서하며 가족 간 화목하고 아름다운 말과 삶의 변화 등이 결국 개인의 삶을 행복으로 이끄는 원동력이 되지 않을까 싶습니다.

오서진

(사)대한민국가족지킴이 이사장

훌륭하신 권영세 목사님은 (사)대한민국가족지킴이 제1대 임원으로서 많은 활동을 해주셨고 큰 거울이며 지도자이십니다.

『이것이 행복이다』 멋진 출간을 진심으로 축하드리며 적극 추천합니다.

| 목차 *contents* |

part 1.

이것이
행복이다

1

행복이란
무엇인가?

(1) 행복이란 과잉과 부족의 중간에 있는 조그마한 역이다.

(2) 행복은 다른 것이 아니다. 바로 감사하는 마음이다.

(3) 행복은 불시에 날개를 펼치고 날아오며, 불행은 소나무 지팡이를 짚고 절룩거리며 온다.

(4) 행복은 자신의 사명을 발견하고 일에 신념을 가진 사람의 것이다.

(5) 행복을 거창하고 큰 것에서 찾지 마라. 멀리 힘들게 헤매지 마라. 비록 작지만 항상 우리 눈앞에 있다.

(6) 행복은 자신을 돌보는 사람만이 가질 수 있다. 스스로 행복하지 않으면 아무도 도울 수 없다.

(7) 행복은 그냥 주어지는 행운의 복권이 아니다. 부지런히 노력하고 연습해야 얻을 수 있는 열매다.

16

⑻ 행복은 살아가는 동안 몸과 마음에 배는 향기이며 하나씩 날마다 더해 가는 습관이다.

⑼ 행복은 미래가 아닌 현실을 위한 투자이다. 지금 행복하지 않으면 내일도 마찬가지다.

⑽ 행복은 어렵지 않게 전달할 수 있는 미소이기도 하고, 소리 없이 건네줄 수 있는 믿음이기도 하다. 가장 달콤한 포옹이며 선물이다.

⑾ 행복은 끝없이 전달하고픈 욕망이다. 하염없이 주고 싶은 열망이다. 결국엔 건네주는 축복이다.

⑿ 행복은 지금 이 순간 존재하는 자신이다. 변함없이 사랑하는 우리다. 그래서 행복은 이미 우리 자신이다.

⒀ 행복은 당신이 얻은 것을 원하는 것이고, 성공이 바로 그것을 충족시킨다.

⒁ 행복은 당신이 열어 놓았는지 깨닫지도 못한 문을 통해 슬그머니 들어온다.

⒂ 행복은 키스와 같다. 행복을 즐기기 위해선 나눌 대상이 있어야 한다.

⒃ 헌법은 행복을 추구할 권리를 국민에게 부여한다. 그러나 그 행복을 낚아채는 건 당신의 몫이다.

⒄ 행복은 기쁘게 일하고 해 놓은 일을 기뻐하는 사람의 것이다.

⒅ 행복은 낙원의 파랑새와 같다. 자신을 잡으려 하지 않는 사람의 손에 날아와 앉는다.

⒆ 행복은 나비와 같다. 다가가려 하면 자꾸 당신의 손아귀 에서 벗

이것이 행복이다

어난다. 하지만 당신이 가만히 앉아 있으면 아마 당신 위에 살포시
앉을 것이다.

⑳ 인생에서 최고의 행복은 우리가 사랑받고 있음을 확신하는 것이다.

힐링에서 행복으로

"행복을 즐겨야 할 시간은 지금이다.
행복을 즐겨야 할 장소는 여기다."

– 로버트 인젠솔 –

필자가 제일 처음 펴낸 책이 『웰빙 스토리 마음을 치유하라』였다. '웰빙(well-being)'이란 '몸과 마음의 편안함과 행복을 추구하는 태도나 행동'을 말한다. 한동안 이 같은 '웰빙'이라는 단어가 유행하더니, 이제는 '힐링(healing)'이라는 단어가 대세이다. '힐링'이란 '사람들의 지친 몸과 마음을 치유하는 것'을 뜻한다.

차 한 잔을 마셔도, 길을 걸어도 힐링이다. 한 방송 프로그램은 아예 '힐링캠프'라는 타이틀을 걸고 있기도 하였다. 이렇게 힐링이 우리 사회의 대세인 것은 이 시대를 살아가는 모든 사람들이 상처 입은 가슴을 부둥켜안고 어찌할 바를 모르고 살고 있다는 방증임에 틀림이 없다. 그래서 어느 시인은 "이 시대의 사람들은 눈물의 국에 상처의 밥을 말아먹고 산다."고 시대의 상황을 표현하기도 한다.

그러나 이제는 '힐링'에서 '행복(happiness)'이라는 단어로 패러다임이 넘어가는 듯하다. '행복'이란 '생활에서 기쁨과 만족감을 느껴 흐뭇한 상태'를 의미한다. 이에 따라 이 땅에서 행복하게 살기 위한 '웰 리빙(well living)'과 더불어 세상을 떠날 때도 살아온 날을 정리하고 아름다운 죽음을 준비하는 '웰 다잉(well-dying)'이 새롭게 대두되고 있다. 한마디로 잘 살다가 잘 떠나는 것이 진정한 행복이라는 것이다.

진정한 행복은 현세와 내세에서의 행복을 말하는데, 우리의 죄를 위해 십자가에 죽으신 후 부활하시고 승천하셔서 우리 죄를 다 탕감받으시고 하늘과 땅의 모든 권세를 가지시고 오순절 날 성령과 함께 오셔서 내 안에 들어오시는 예수 그리스도만 믿고 영접하면 웰 리빙과 웰 다잉은 물론이고, 포스트-웰 다잉(post-well dying), 즉 사후의 행복과 영생을 누릴 수 있다.

그리고 현재 필자는 행복 만들기 프로그램을 통해 행복을 전하여 청중들로 하여금 행복한 삶을 누리게 하고 있다.

행복한 사람

"행복을 사치한 생활 속에서 구하는 것은 마치 태양을 그림에

그려 놓고 빛이 비치기를 기다리는 것이나 다름없다."

– 나폴레옹 –

필자는 참 행복한 사람이다. 나는 매일 생활 속에 사소한 것에서 행복하다고 고백한다. 사람들은 보통 행복을 크고 거창한 것 속에서 찾는다. 돈을 많이 벌어야 행복하고, 지위가 높아져야 행복하고, 힘 있는 사람이 되어야 행복할 것이라고 생각한다. 하지만 행복은 결코 큰 것도 화려한 것도 아니며, 행복은 지극히 평범한 일상생활 속에 있다. 적은 것으로 만족할 때 평온해지고, 적은 것에 만족할 때 진정으로 행복해진다는 것을 알게 될 것이다. 생활 속에서 사소한 것에서 만족할 때, 비로소 자기다운 행복한 삶을 살 수 있다.

영국의 어느 시골 마을에 조그마한 물방앗간을 가지고 가난하게 살아가는 사람이 있었다. 이른 아침부터 저녁 늦도록 일하고 나오면, 그의 몸은 온통 밀가루와 땀으로 얼룩져 있었다. 그러나 날마다 즐거운 표정으로 노래를 부르며 집으로 향했다.

"나는 그 누구도 부럽지 않아요. 지금의 생활에 만족하니까요. 나에겐 행복이 있으니까요."

그러던 어느 날, 국왕이 방앗간 앞을 지나가다가 행복한 노랫소리를 듣고 부러우면서도 궁금한 마음에 행차를 멈추고 물방앗간 주인에게 물었다.

"당신처럼 그렇게 만족하며 살 수 있는 비결이 무엇이오? 나는 어렵고 답답한 일들 때문에 늘 괴로울 뿐이오."

그러자 방앗간 주인이 이렇게 대답했다.

"그저 정성을 다하여 즐거운 마음으로 일할 뿐입니다. 이웃들 모두 제게 친절하고 저도 그들에게 명랑하게 대합니다. 또 이 냇물이 저 대신 방아를 찧어 주니 얼마나 감사한가요."

주어진 현실에 만족하고 최선을 다하는 삶, 세상을 아름답게 바라보는 마음, 이런 것들이 모여 행복과 기쁨이 되는 것이다. 행복은 거창한 데 있지 않으며 지극히 평범한 일상에서 만들어지고 느낄 수 있는 것이다.

가장 행복해진 왕비

"행복이란 누가 주는 것이 아니라 스스로 찾는 것이다."

– 도스토예프스키 –

필자가 아픔과 좌절을 딛고 일어서서 행복한 삶을 살게 된 비결이 있다. 필자가 터득한 행복의 비결인데, 그것은 다른 사람을 기쁘고 행복하게 할 때 곧 내가 기쁘고 행복해진다는 진리이다. 자신만 행복해지려고 하는 이기적인 삶에는 행복이 없으며, 이타적인 삶에 행복이 있다. 필자는 언제나 어떻게 하면 다른 사람을 행복하게 할 수 있을까를 생각한다. 책을 출간해서 기증하는 것도, 이 책을 읽는 독자들이 행복해지도록 나누고 베풀기 위함이다.

고대 그리스에 아름다운 왕비와 결혼한 한 임금이 있었다. 임금의 총애와 그지없는 높은 권력은 왕비가 갖고 싶은 모든 것을 가질 수 있게 해 주었지만, 왕비는 여전히 눈살을 찌푸린 채 즐거워하지 않았다. 임금은 고민에 빠졌다.

그러던 어느 날, 한 현인이 나타나 임금에게 자신이 근심어린 왕비의 얼굴을 웃는 모습으로 바꾸어 놓고 왕비를 즐겁게 해 줄 수 있다고 말했다. 현인은 왕비를 비밀의 방으로 데리고 간 다음, 흰 물건을 이용하여 종이 위에 무언가를 써내려갔다. 그는 그 종이를 왕비에게 주고 어두운 방에 들어가라고 부탁했다. 그다음 촛불을 켜서 종이에 무엇이 기록되어 있는지 주시하라고 했다. 왕비는 현인의 지시대로 따랐고, 촛불 아래에서 그녀는 흰색 글자가 아름다운 녹색으로 변하는 것을 보았다.

"매일 다른 사람을 위해 좋은 일을 한 가지씩 하라!"

왕비는 현인의 충고대로 했고, 얼마 지나지 않아 왕비는 전국에서 가장 행복한 사람이 되었다.

철학자 플라톤은 "상대방을 행복하게 할 수 있는 자만이 또한 행복을 얻는다."고 했다. 당신이 다른 사람을 위해 살 때 당신은 더 많은 즐거움과 행복을 얻게 될 것이다. 자신이 행복해지려고 하면 결코 행복해질 수 없다. 다른 사람을 행복하게하면 내가 행복해지고, 다른 사람을 기쁘게 하면 나도 덩달아 기뻐지는 것이다. 필자는 어떻게 하면 다른 사람을 기쁘 고 행복하게 만드며, 또 어떻게 하면 이 세상을 아름답게 만들 수 있을까를 먼저 생각한다. 이것만이 나도 행복하고, 너도 행복하고, 우리 모두가 행복한 비결이기 때문이다.

행복은 재물에 있지 않다

"남에게 행복하게 보이려는 허영심 때문에
자기 앞에 있는 진짜 행복을 놓치는 수가 많다."

– 라 로슈푸코 –

많은 사람들은 행복을 재물에서 찾고 돈이 많으면 행복할 것이라고 생각하지만, 많은 재물과 돈이 행복을 가져다주지는 못한다. 돈이 많으면 근심이 많고, 돈은 일만 가지 악의 뿌리가 된다. 오히려 그 많은 물질과 돈을 선행을 위해 사용할 때 행복해진다. 가지고 있는 돈을 꼭 필요한 곳에 사용해 보라. 그러면 행복을 느끼게 될 것이다.

세계적인 거부가 있었다. 그는 33세에 백만장자가 되었고, 43세에 미국에서 최고 갑부가 되었으며, 53세에는 전 세계에서 제일 갑부가 되었다. 돈을 모으려고 정신없이 뛰어다니던 사람으로, 평소에 사람들에게 "나는 돈을 위해 살고 있다. 나는 나를 위해 살고 있다."라고 말하며 다녔다.

그런데 그는 55세에 불치병에 걸리고 말았다. 말년에 돈을 얻었지만 행복은 잃고 만 것이다. 손가락 사이로 빠져 가는 모래알처럼 행복과 기쁨을 분실하고 난 다음, 그는 비로소 인생의 참된 가치가 소유에 있지 않고 공유에 있다는 사실을 깨달았다. 그때서야 가지고 있던 재산을 YMCA, YWCA, 시카고 대학교 등에 기증했고 가난한 나라들을 도와주기 시작했다. 그러자 이때부터 그의 마음속에 기쁨과 생동감이 넘쳐났다. 그동안 잃었던 행복을 다시 찾은 것이다.

그는 98세까지 세계적인 자선 왕으로 살았는데, 이 사람이 바로 록펠러이다.

욕심은 우리의 행복을 방해하는 치명적인 장애물 중 하나이다. 욕심 없는 사람이 없을 것이기에, 더 정확히 말하면 지나친 욕심인 '과욕'이 문제이다. 동서고금을 막론하고 인간이 추구해 온 세 가지 욕심이 있는데, 물욕·권력욕·정욕이 바로 그것이다. 이러한 욕심을 '육신의 정욕', '안목의 정욕', '이생의 자랑'이라고 표현한다.

지나친 욕심으로 행복해진 사람은 없으며, 많은 사람들이 욕심 때문에 불행했고 그 끝은 멸망이었다. 결국 욕심을 잉태하면 죄를 낳고, 죄가 장성하면 사망을 낳으므로 욕심을 버리면 행복해진다. 왜냐하면 행복은 재물에 있지 않기 때문이다.

행복은 소유에 있지 않다

"인간은 자기가 바라는 것을 다 가졌다고 해서 행복을 느끼는 것은 아니다.
오히려 바라는 것을 다 소유할 수 없기 때문에 행복한 것이다."

– 버트런드 러셀 –

　많은 사람들은 많이 소유하면 행복한 줄 안다. 그러나 소유에는 끝
이 없고 만족이 없다. 사람들은 무엇으로도 만족할 줄을 모르는데,
이것이 요즘 사람들의 공통된 질병이다. 그래서 늘 목마른 상태와 비
슷하게 살아간다. 겉으로는 번쩍거리고 잘사는 것 같아도, 정신적으
로는 초라하고 가난하기 그지없다. 크고 많은 것만을 원하기 때문에
작은 것과 적은 것에서 오는 기쁨과 만족함과 고마움과 행복함을 잊
어버리고 산다.

　그렇다면 행복의 조건은 무엇일까? 그것은 다름 아닌 기쁨과 만족
과 감사와 사랑과 나눔에 있다. 필자는 향기로운 차 한 잔 에서도 행

27

복과 삶의 고마움을 느낀다. 산책을 하다가 무심히 피어 있는 한 송이 꽃에 나는 행복할 수 있으며, 그 꽃을 통해서 하루에 필요한 정신적 양식을 얻을 수도 있다. 또 다정한 친구로부터의 전화기 너머 들려오는 다정한 목소리 를 통해서도 나는 행복해진다. 행복은 이처럼 일상적이고 사소한 데 있는 것이지, 크고 많은 데 있지 않다. 사람이라면 누구나 일상적인 경험을 통해서 늘 행복을 확인할 수 있다.

천문학적인 재산을 소유한 사람이 있었다. 그는 아름다운 여인 3,321명을 후궁으로 거느렸으며, 그들로부터 616명의 자녀를 얻었다. 그는 사람들이 생각하는 행복의 조건, 즉 부귀와 권력과 쾌락과 건강을 소유했다. 그러나 그가 숨을 거두는 순간 자기 인생에서 참된 행복을 누린 날은 겨우 14일이라는 충격적인 고백을 했다. AD 9세기경 사라센 제국을 49년간이나 통치했던 압둘라만 3세의 이야기다.

지혜의 왕 솔로몬은 "은을 사랑하는 자는 은으로 만족함이 없고, 풍부를 사랑하는 자는 소득으로 만족함이 없나니 이것도 헛되도다." 라고 했으며, 파스칼은 "이 세상에서 제일 행복한 사람은 마음에 하나님을 모시고 사는 사람이다."라고 했다. 존 웨슬리(John Wesley, 1703년~1791)는 "하나님을 떠나서는 행복이란 없다."고 했으며, 아브라함 링컨도 "행복은 우리 안에 있는 것이 아니다. 그렇다고 우리 밖에 있는 것도 아니다. 행복은 우리가 하나님과 연합하는 데 있다."라고 하였다.

28

즉, 생명이요 구원이요 천국이신 예수 그리스도를 마음속에 영접하고 그분의 생명과 마음으로 사는 것이 행복이다.

행복은 섬김에 있다

"행복해지는 비결은 즐거움을 얻기 위해서만 노력할 것이 아니라
노력 그 자체에서 즐거움을 발견하는 데 있다."

– 앙드레지드 –

많은 사람들은 행복을 풍요 속에서 찾고자 하나, 오히려 풍요 속에서 행복을 찾지 못한 채 공허하고 허전한 상태에서 갈증을 느낄 뿐이다. 행복은 풍요 속에 있지 않기 때문이다. 우리나라가 세계 13위의 경제대국이라고 자랑하지만, 국민들의 행복지수는 가난한 방글라데시에 미치지 못한다고 한다. 열악한 경제 환경 속에 물자난에 시달리는 코스타리카, 방글라데시, 쿠바와 같은 나라의 국민이 미국이나 일본 등 선진국의 국민보다 행복지수가 앞선다는 사실은 물질적 풍요가 행복의 조건이 아님을 증명해 준다.

'장 바니에'라는 사람이 있었다. 그는 캐나다 외교관의 아들로 태어나서 해군 장교로 복무했고, 철학을 공부해서 토론토 대학에서 철학을 가르치다가 이웃을 위한 부르심을 받고 교수직을 그만두었다. 그리고는 1964년 프랑스의 트로즐리 브뢰이(Trosly-Breuil) 작은 마을에서 정신지체 장애인 두 사람을 섬기는 공동체 일명 '라르슈'(발달장애인 공동체)를 세웠다.

세상 사람들은 장애인들에게 무관심하고 그들을 외면했지만, 그는 두 명의 장애인과 함께 살고 섬기면서 오히려 그들 안에서 예수님을 발견하고 진정한 행복을 누렸다. 장 바니에의 이런 희망과 긍휼의 영성이 후에 많은 사람들에게 정신적으로 큰 영향을 주었다.

이처럼 진정 행복한 사람은 명예나 명성을 얻고 세상에서 권세나 물질적으로 풍요를 누리는 사람이 아니라, 하나님을 사랑하고 이웃사랑을 몸소 실천하는 사람이다.

천년의 갑절을 산다고 할지라도, 미모와 부귀를 다 가져도 진정한 행복을 느끼지 못하는 인생이라면 무슨 소용이 있겠는가? 마음에 하나님을 소유하지 못하고 영생의 기쁨을 가지지 못한 인생은 세상의 그 무엇을 다 가진다 할지라도 행복하지 못할 것이다.

은도 내 것이요, 금도 내 것이요, 모든 것의 주인이신 하나님을 소유할 때 비로소 만족과 행복이 있으며, 그 하나님을 사랑하고 이웃을 사랑하고 섬길 때 마침내 행복해진다.

행복은 실천에 있다

"행복은 마음의 준비가 있는 사람에게만 미소를 짓는다."

– 파스퇴르 –

필자는 보급형 3만 원이면 달 수 있는 하이패스를 달지 않는다. 왜냐하면 티켓과 카드를 주며 인사하고 덕담을 건네기 위해서이다. 비록 작은 실천이지만, 필자를 행복하게 하고 톨게이트 계산원을 행복하게 하는 비결이다. 미소 지으며 인사하는 필자를 만나면 하루 종일 행복하다고 한다. 행복이란 바이올린 연주나 자전거 타기처럼 일부러 익혀야 하는 기술이요, 연습할수록 느는 생활 습관이다.

행복은 생각에만 머무는 것이 아니라 실천함에 있다. 따라서 늘 웃는 습관, 감사하는 습관, 사랑하는 습관, 나누고 베푸는 습관, 칭찬하는 습관, 인사하는 습관 등등 실천할 때 행복해지는 것이다.

고등학교 시절, 170명 중 169등을 한 미국 교포 2세 청년이 있었다. 대학 문턱은 밟지도 못했다. 하지만 그는 사회에 귀감이 된 사회사업가들에게만 수여하는 알베르트 슈바이처 인간 존엄상을 고작 열여덟 살에 수상했다. 그리고 1996년에는 미국에서 가장 영향력 있는 10대 상을 탔으며, 그로부터 2년 뒤에는 워싱턴포스트가 2개면에 걸쳐 '세계에서 가장 경이로운 스물두 살의 젊은이'라는 제목의 기사로 그의 스토리를 소개했다.

재미 한국인 환경운동가 대니 서(Danny Seo)의 이야기다. 그가 책을 한 권 썼는데 제목이 『작은 실천이 세상을 바꾼다』이다. 그는 하루 15분의 실천이 기적을 만든다고 주장한다.

오늘날 우리는 아는 것이 너무 많으나, 아는 것을 실천하는 데는 너무나 부족하다. 많은 이들이 아는 것을 삶으로 이어 가지 않기 때문에 비난을 받는다. 아는 만큼 실천하고 구체적으로 온전히 실천하려고 결단하며 노력할 때, 세상은 지금보다 훨씬 더 밝고 아름답고 따뜻해질 것이다. 행복은 작은 실천에서 자란다.

이것이 행복이다

행복의 씨앗을 심어라

"기쁘게 일하고, 해 놓은 일을 기뻐하는 사람은 행복하다."

– 괴테 –

필자는 때를 얻든지 그렇지 않든지 항상 천국복음을 전하려고 한다. 왜냐하면 듣는 사람들이 필자처럼 행복해지기를 바라기 때문이며, 천국에서 받을 상급이기 때문이다. 많이 뿌리면 많이 거두고, 적게 뿌리면 적게 거두고, 뿌린 것이 없으면 거둘 것이 없다. 자연의 법칙 중에 심는 대로 거둔다는 법칙이 있다. 콩 심은 데 콩 나고 팥 심은 데 팥 나는 것처럼 무엇을 심느냐에 따라 다른 수확물을 거두게 된다.

계속 실패만 거듭하면서 불행하게 살아가던 한 젊은이가 있었다. 그러던 그가 어느 날, 꿈속에서 아주 큰 성공을 거두고 아주 행복하게 살아가고 있는 것으로 알려진 한 친구를 만났다. 그가 그 친구에게 행복하게 된 사연을 물어보았더니 이렇게 말하는 것이었다.

"어디어디에 가면 행복의 비결을 파는 가게가 있다기에, 어느 날 내가 직접 그곳을 찾아가서 행복의 비결을 사 왔다네. 그 후부터 나는 정말 행복하게 되었고 아주 행복한 삶을 살게 되었어. 자네도 어서 빨리 그 가게에 한번 다녀오게나. 그럼 자네도 틀림없이 행복한 삶을 살 수 있게 될 걸세."

그 말을 들은 젊은이는 조금의 망설임도 없이 그 친구가 알려준 곳으로 행복의 비결을 사기 위해 즉각 여행을 떠났다. 드디어 행복의 비결을 판다는 가게에 도착한 그는 큰소리로 외쳤다.

"어르신, 어서 빨리 행복의 비결을 주십시오. 저는 불원천리 행복의 비결을 사기 위해 이곳까지 달려왔습니다. 어서 행복의 비결을 주십시오."

그러자 그 말을 들은 가게 주인은 미소를 지으면서 이렇게 말하는 것이었다.

"여보시오. 젊은 양반. 젊은 양반께서는 뭔가 잘못 아신 것 같은데, 우리 가게에서는 행복의 비결을 팔고 있지 않습니다. 다만 우리 가게에서는 행복이라는 열매가 열릴 수 있는 씨앗만 판매하고 있습니다."

그 말을 듣는 순간, 그 젊은이는 비로소 진정한 행복이란 것이 무엇인지 깨닫게 되었다.

이것이 행복이다

그렇다. 오늘날 안타깝게도 우리 주위에는 행복의 씨앗은 심지 않고 열매만 따려고 하는 사람들을 많이 만나 볼 수 있다. 그러나 심지 않는다면 어디에서 어떤 열매가 열릴 수 있겠는가? 한 송이의 국화꽃도 그저 그렇게 아름답게 피는 것은 아니며, 한 송이의 장미꽃도 그저 그렇게 아름답게 피는 것은 결코 아니다. 이 세상에 공짜는 없다. 행복은 어느 날 하늘에서 갑자기 떨어지는 것이 아니라, 자기 스스로의 노력을 통해서 만들어지는 창작품 곧 수제품인 것이다.

  그렇다면 무엇이 행복의 씨앗일까? 세상에서 가장 값진 것은 사랑을 나눌 줄 알고 베풀 줄 아는 넉넉한 마음이며 작은 것이라도 아끼고 소중히 여길 줄 아는 검소함이다. 또한 세상에서 가장 소중한 것은 부모 자식 간의 사랑, 부부의 사랑, 연인들의 사랑, 친구 간의 사랑, 이웃 간의 사랑을 비롯한 '사랑'이다. 사랑이 없는 곳에는 웃음과 행복이 없기 때문이다. 그리고 세상에서 가장 아름다운 소리는 '당신을 사랑합니다.', '당신이 있어 행복합니다.'라는 말이다. 이 모든 것들이 행복의 씨앗이 되어 행복의 꽃이 피며 행복의 열매를 맺는 것이다.

  이 세상의 모든 것은 행복의 씨앗들이며 행복의 재료들이다. 필자는 이 책을 통해 행복의 재료들 행복의 씨앗들을 나열하고 있다. 행복의 씨앗을 심어 보자. 반드시 행복의 싹이 트고, 행복의 꽃이 피고, 행복의 열매가 맺어질 것이다.

행복한 사람과 불행한 사람

"사람이란 자기가 생각하는 만큼 결코 행복하지도 불행하지도 않다."

– 라 로시코프 –

이 세상에는 많은 사람들이 있다. 그중에서도 행복한 사람이 있고, 반면 불행한 사람도 있다. 그렇다면 어떤 사람이 행복한 사람이며, 또 어떤 사람이 불행한 사람이라고 말할 수 있을까? 이 글을 읽으면서 한번 점검해 보면 좋을 것 같다.

행복한 사람은 남을 위해 기도하고, 불행한 사람은 자기만을 위해 기도한다. 남의 이야기를 열심히 들어 주는 사람은 행복한 사람이고, 했던 말을 계속해서 반복하는 사람은 불행한 사람이다. 남의 칭찬을 자주 하는 사람은 행복한 사람이고, 자기 자랑을 늘어놓는 사람은 불행한 사람이다.

이것이 행복이다

일을 보람으로 아는 사람은 행복하고, 의무로 아는 사람은 불행하다. 언제나 싱글벙글 웃으며 말하는 사람은 행복하고, 투덜대는 사람은 불행하다. 평생 고마웠던 일만 마음에 두는 사람은 행복하고, 섭섭했던 일만 마음에 담는 사람은 불행하다. 남이 잘되는 것을 축복하고 위로하는 사람은 행복하고, 남이 잘 되면 배가 아프고, 실패하면 통쾌해 하는 사람은 불행하다. 행동으로 보여 주는 사람은 행복하고, 말로만 보여 주겠다는 사람은 불행하다.

자신에게 엄격하고 남에게 부드러운 사람은 행복하고, 자기에게 후하고 남에게 가혹한 사람은 불행하다. 감사하는 마음으로 먹는 사람은 행복하고, 불평으로 먹는 사람은 불행하다. 마음까지 화장하는 사람은 행복하고, 얼굴만 화장하는 사람은 불행하다. 자신의 잘못을 곧바로 인정하는 사람은 행복하고, 잘못했다는 말을 절대로 하지 않는 사람은 불행하다.

가슴을 펴고 당당하게 걷는 사람은 행복한 사람이고, 고개를 숙이고 걷는 사람은 불행한 사람이다. 누구에게나 배우려는 사람은 행복한 사람이고, 자신이 만물박사라고 생각하는 사람은 불행한 사람이다. 잘된 이유를 찾는 사람은 행복한 사람이고, 안 될 이유만 찾는 사람은 불행한 사람이다. 공과 사가 분명한 사람은 행복한 사람이고, 공과 사를 구분하지 못하는 사람은 불행한 사람이다.

아는 것이 적어도 행동으로 옮기는 사람은 행복하고, 아는 것이 많아도 실천하지 못하는 사람은 불행하다. 해야 할 일이 많음을 긍지로 여기는 사람은 행복하고, 그것을 불만으로 여기는 사람은 불행하다.

겸손과 양보가 몸에 밴 사람은 행복하고, 교만과 거만이 몸에 밴 사람은 불행하다. 목소리가 힘차고 생기 있는 사람은 행복하고, 기어들어 가는 사람은 불행하다.

남의 잘못을 잘 용납하는 사람은 행복하고, 자기의 잘못을 당연하게 여기는 사람은 불행한 사람이다. 좋아하는 사람이 많은 사람은 행복한 사람이고, 미워하는 사람이 많은 사람은 불행한 사람이다. 자신의 잘못을 뉘우치는 사람은 행복한 사람이고, 자기의 잘못을 모르는 사람은 불행한 사람이다. 죽음을 삶의 연장으로 태연히 받아들이는 사람은 행복한 사람이고, 죽음이 끝이라고 무서워하며 불안에 떠는 사람은 불행한 사람이다.

차를 탈 수 있는데도 걷는 사람은 행복한 사람이고, 걸을 수 있는데도 타는 사람은 불행한 사람이다. 몸이 원하는 음식을 먹는 사람은 행복한 사람이고, 입이 원하는 음식을 먹는 사람 은 불행한 사람이다. 좋은 의견을 내서 해 보자고 하는 사람은 행복한 사람이고, 보나 마나 뻔하다고 하는 사람은 불행한 사람이다. 배에 힘을 주는 사람은 행복한 사람이고, 목에 힘을 주는 사람은 불행한 사람이다. 할 일을 다 하고 천명을 기다리는 사람은 행복한 사람이고, 시작도 않고 요행을 기다리는 사람은 불행한 사람이다.

필자의 아내는 병원 간호사로 근무하는데, 2016년 5월 3일 창립 6주년 기념식에서 '베스트행복상'을 수상하였다. 150여 명의 직원 중에 제일 행복하게 일하는 사원에게 주는 상이란다. 부부의 행복과 가

39

정의 행복한 삶이 직장에서도 그대로 이어지는 모양이다.

　당신은 어떤 사람인가? 행복한 사람인가, 아니면 불행한 사람인가? 한번 자신에게 질문을 던져 보면 어떨까?

행복은 연습이다

"행복의 원칙은 첫째 어떤 일을 할 것, 둘째 어떤 사람을 사랑할 것,

셋째 어떤 일에 희망을 가질 것이다."

– 칸트 –

우리 인생에 항상 따라다니는 주제가 하나 있는데 그것은 다름 아닌 행복이다. 더 행복하기를 바라는 것이 모든 사람들의 공통된 마음일 것이다. 그래서 필자의 강의 주제는 건강과 행복과 성공이 중요 키워드이다. 그것은 인간의 세 가지 기본적인 욕구이기 때문이다.

2009년 연말 '더 행복해질 수 있는가?'라는 주제로 미국 여러 대학에서 공동으로 연구한 논문 결과가 발표되었다. 미국 리버사이드 캘리포니아 주립대학 심리학 교수인 소냐 류보머스키(Sonja Lyubomirsky) 교수가 중심이 된 이 연구 결과는 행복에 관한 12가지 공통된 요소가

있음을 밝혀냈다.

이 연구 결과를 담은 책 『행복도 연습이 필요하다, HOW TO BE HAPPY』에는 검증된 12가지 행복 연습 과제를 하나씩 소개하면서 이 중에서 자기에게 가장 잘 맞는 방법들을 선택해서 꾸준히 실행할 것을 권하고 있다. 행복은 좇거나 기다리는 것이 아니라, 지금 있는 곳에서 만들어 내는 것이다. 작은 행복을 민감하게 느끼고 지속적으로 유지할 수 있는 12가지 행복 연습 방법은 다음과 같다.

(1) 목표에 헌신하라.

(2) 몰입 체험을 늘려라.

(3) 삶의 기쁨을 음미하라.

(4) 감사를 표현하라.

(5) 낙관주의를 길러라.

(6) 과도한 생각과 사회적 비교를 피하라.

(7) 친절을 실천하라.

(8) 인간관계를 돈독히 하라.

(9) 대응 전략을 개발하라.

(10) 용서를 배워라.

(11) 종교 생활과 영성 훈련을 하라.

(12) 몸을 보살펴라.

소냐 류보머스키 교수는 "행복을 결정하는 요소가 유전형질 50%,

환경 10%, 의도적 활동 40%로 이루어져 있기 때문에 행복은 연습
이다."라고 말한다. 연습과 훈련을 통해 행복해질 수 있다는 것이다.
그래서 행복은 스스로 만드는 수제품이라고 하는 것이다. 행복은 연
습이다.

이것이 행복이다

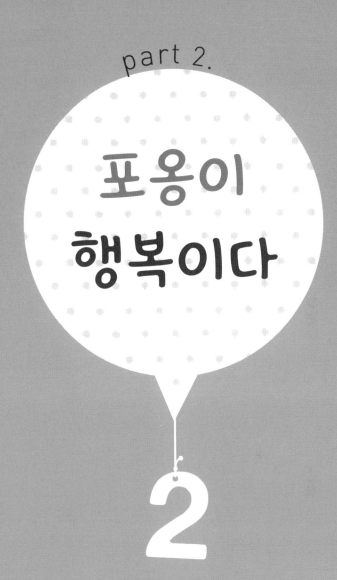

part 2.

포옹이
행복이다

2

포옹이란
무엇인가?

⑴ 인간의 행위 가운데 가장 따뜻한 것이 포옹이다.

⑵ 하루 열두 번의 포옹도 부족하다.

⑶ 포옹은 신체로 표현할 수 있는 지상에서 가장 따뜻한 언어다.

⑷ 포옹은 '허그 테라피'라고 불릴 만큼 사랑을 전하고 생명을 살리는 엄청난 힘을 가지고 있다.

⑸ 살아남기 위해서 하루에 네 번의 포옹이, 계속 살아가기 위해선 하루에 여덟 번의 포옹이, 그리고 성장을 위해선 열두 번의 포옹이 필요하다.

⑹ 백 마디 말보다 한 번의 포옹이 그 사람에게 더 많은 것을 전해 줄 것이다.

⑺ 포옹은 상대방은 물론 당신의 영혼에도 좋은 일이다.

⑧ 신체적으로는 말할 것도 없고 말이나 눈으로, 혹은 분위기로도 포옹해 줄 수 있다.

⑨ 포옹은 서로를 끌어안는 것이다. 가슴을 맞대어 체온을 느끼고, 숨소리를 나누는 것이다.

⑩ 피할 수 없는 것은 포옹해 주어야 한다.

⑪ 포옹은 나를 비판하는 사람을 친구로 만들 수 있다.

⑫ 포옹은 말보다 힘이 세다.

⑬ 끊임없이 포옹하고 손을 잡으라. 사랑의 스킨십은 만병을 고친다.

⑭ 포옹은 어떤 말보다도 강력한 메시지를 전달한다.

⑮ 여자는 말보다 스킨십에 익숙하기 때문에 수천 마디의 말보다 단 한 번의 포옹이나 키스에 의해 사랑에 빠지는 경우가 많다.

⑯ 위로의 말을 늘어놓는 것보다 한 번의 포옹이 훨씬 위로의 효과가 크다.

⑰ 포옹은 마음의 병을 치료하는 지름길이다.

⑱ 포옹은 하는 사람이나 받는 사람 모두 행복해질 수 있는 최고의 방법이다.

⑲ 포옹은 신체를 치유하고 마음을 따뜻하게 해 준다. 그대가 두 팔을 벌릴 때마다 그대는 마음을 여는 것이다.

⑳ 포옹은 우울증과 불안감 해소에 효과가 매우 크다.

포옹이 행복이다

면역력을 높이는 포옹

"포옹은 마음의 병을 치료하는 지름길이다."

– 미국 정신간호학자 캐들린 키팅 –

필자는 스킨십을 좋아하여 늘 아내의 손을 잡고 다닌다. 만일 하루 종일 헤어졌다 만나면, 어김없이 포옹과 뽀뽀를 해 준다. 잠을 잘 때도 팔다리를 만져 주거나 손을 잡고 잠을 자기도 하고, 평지를 운전할 때면 한 손을 잡고 운전할 때도 있다. 그런 아내는 정말 건강하며 결혼 31년 동안 병원을 모르고 산다. 나와 함께 지내는 동안 늘 빼먹지 않고 스킨십을 하면서 면역력이 높아지며 마음이 평안하고 안정되기 때문인 것 같다.

최근 영국학자들의 연구에 의하면, 사랑의 감정을 많이 경험한 사람일수록 면역력이 높아 감기에 잘 걸리지 않는다고 한다. 미국에서도 신체적 접촉이 스트레스를 완화시키고 혈압과 맥박을 정상화시킨다는 사실이 실험으로 입증된 후, 애완동물 키우기 붐이 일었다고 한다.

또한 미국 캘리포니아에서 정신건강 상담원으로 활약하는 캐들린 키팅이라는 간호사는 포옹요법을 개발하여 고통·근심·절망의 가운데에 있는 상처받은 사람을 치료해 주고 환자의 생존 의지를 북돋워 주었다고 한다. 그녀에 의해 제창된 포옹요법은 미국의 대형종합병원에서 간호사 훈련과정에 포함될 정도로 의학적인 효과를 인정받고 있다.

그녀의 이론에 의하면 포옹은 "기분 전환에 좋고 외로움을 없애 주며 두려움을 이기게 해 준다. 자부심을 갖게 하고 이웃을 사랑하게 해 주고 젊음을 되찾아 준다. 긴장을 풀어 주고 불면증을 없애 주며 근육을 튼튼하게 해 준다. 욕구불만으로 많이 먹어 뚱뚱한 사람에게 식욕을 줄여 주고 알코올 및 약물 중독자에게 안전한 즐거움을 선사한다."고 한다.

특히 맞벌이 부부가 많아지고 있는 요즈음, 엄마의 품을 떠나 보육시설에서 자란 아이들의 애정결핍증은 더욱 심각하다고 할 수 있다. 이러한 애정결핍을 치료하는 유일한 비결은 시간 나는 대로 아이를 따뜻하게 안아 주는 일이다. 물론 안아 주는 일은 꼭 치료요법으로만 써야 되는 것은 아니다. 사랑하는 사람끼리 건강과 행복을 증진시키는 방법으로도 얼마든지 활용될 수 있다. 포옹은 면역력을 높여 준다. 그러므로 포옹이 곧 건강과 행복의 비결이다.

캥거루 케어

"포옹은 말보다 힘이 세다."

– 웃음천사 권영세 –

　필자는 아내에게만 스킨십을 하는 것이 아니라, 우리 아이들에게도 포옹과 스킨십을 자주 한다. 어릴 때야 당연하겠지만 지금 큰딸과 작은딸은 직장인이다. 그럼에도 불구하고 출퇴근할 때면 아빠와 포옹을 한다. 그런 딸들은 건강하고 직장 생활과 교회 생활 등 사회적 대인관계를 원만하게 잘해 나가고 있다. 사람들의 포옹에는 놀라운 능력이 담겨 있다. 어린아이에게 포옹, 마사지 등 신체 접촉을 하면 호흡, 심장박동, 혈당처럼 사람의 의지로 제어할 수 없는 자율신경계가 안정된다는 보고가 있다.

　MBC 스페셜 〈캥거루 케어 엄마 품의 기적〉에서는 엄마의 포옹이 이른둥이들에게 주는 놀라운 안정과 실제 치료의 효과를 잘 보여 주었다. 인큐베이터 안에서 기계들에게 의존할 수밖에 없는 미숙아 아가들이 엄마 품에 안겨서 숙면을 취하고 안정을 찾아가는 과정은 믿기 어려운 놀라움 그 자체였다.

'캥거루 케어'란 아기의 맨살과 엄마의 맨살을 최대한 많이 최대한 오래 밀착시켜 아기의 정서 안정과 발달을 돕는 케어 방법이다. 1983년 콜롬비아 보고타에서 인큐베이터의 부족을 대신할 방법으로 시행한 미숙아 케어법이지만, 현재는 유럽, 미국 등 선진국에서 사용하는 신생아 케어 방식이다. 새끼를 일찍 낳아 주머니에서 따뜻하게 키우는 캥거루의 케어법과 비슷하다 하여 '캥거루 케어'라 불리게 되었다.

실제 얼굴이나 다리 등 외적으로 보이는 아토피 환자들처럼 타인의 시선을 꺼리고 캥거루 케어로 살을 맞대고 체온을 느끼는 과정에서 굳게 닫힌 마음의 문을 활짝 열게 되어 병으로 인한 마음의 상처와 스트레스가 해소되는 것이다. 아마도 포옹은 상대방을 마음으로 이해하고 너그럽게 안아 주는 과정이기에 마음에서 마음으로 전달되는 안정적인 정서가 사람의 내면을 치유해 주는 것이 아닐까 싶다.

모든 병의 근원은 마음에서 온다. 안아 주는 것은 아마 언어 외에 사랑하는 감정을 가장 잘 전달할 수 있는 표현이 아닐까 싶다. 사랑하는 자녀들을 캥거루처럼 가슴에 자주 안아 주면 정서적으로 안정

포옹이 행복이다

되며 행복하고 건강하게 성장할 것이다. 사랑하는 연인과 가족들을
자주 안아 주면 친밀감을 높여 주며 유대감을 강화시켜 줄 것이다.
그러므로 포옹은 건강과 행복의 비결이다.

사랑의 스킨십

"끊임없이 포옹하고 손을 잡으라. 사랑의 스킨십은 만병을 고친다."

– 웃음천사 권영세 –

필자는 법무부 장관 및 국방부 장관으로부터 교정위원으로 위촉을 받고 교정기관에서 인성교육을 담당하고 있다. 그리고 수감자들을 위해 인성교육을 한 후에는 어김없이 문밖에 서서 일일이 악수하고 포옹하며 격려해 준다. 강의를 통해 필자가 전하고자 하는 행복 메시지를 전달하고 포옹을 통해 따뜻한 사랑과 마음을 전달하는 것이다.

필자의 강의는 테라피 강의로, 상처받은 마음 증오의 마음 불안하고 초조한 마음을 웃음과 감사와 사랑과 나눔과 긍정과 칭찬을 통해 치유하고 포옹을 통해 회복하는 것이다. 그래서 강의 주제 중에 '허그 테라피'라는 강의가 포함되어 있으며, 수차례의 강의 결과 포옹에는 치유하는 능력이 있음이 확인되었다.

1995년 매사추세츠 주 병원에서 쌍둥이가 태어났다. 12주 먼저 태어난 쌍둥이 카이리와 브리엘은 1kg밖에 안 되는 미숙아였다. 쌍둥이 중 한 아이인 브리엘은 심장에 큰 결함을 안고 태어났는데, 의사들은 하나같이 그 아이가 곧 죽게 될 것이라 예상했다. 며칠 동안 그 아기는 병세가 계속 악화되어 죽기 직전까지 이르렀다.

그때 한 간호사가 쌍둥이를 하나의 인큐베이터에 함께 넣자는 의견을 내놓았다. 이는 병원의 방침에 어긋나는 일이었기에 담당 의사는 잠시 고민했지만, 결국 엄마 자궁에서처럼 두 아이를 한 인큐베이터 안에 나란히 눕히기로 했다. 그리하여 쌍둥이는 한 인큐베이터 안에 눕게 되었다.

그런데 건강한 아이 카이리가 팔을 뻗어 아픈 동생을 감싸 안았다. 그러자 갑자기 아무런 이유도 없이 동생의 심장이 안정을 되찾기 시작했고 혈압이 정상으로 돌아왔다. 그다음에는 체온이 제자리로 돌아왔다. 동생은 조금씩 나아졌고, 두 아이는 완전히 정상의 몸으로 무럭무럭 자라게 되었다.

지금 누군가 우리의 포옹을 필요로 하고, 누군가 우리의 사랑과 따뜻한 손길을 기다리고 있다. 우리의 손과 목소리에는 치유의 능력이 숨겨져 있다. 하나님은 우리를 도구로 사용해 많은 사람에게 치유와 회복, 사랑과 승리를 주고자 하신다. 우리에게 두 손과 두 팔을 주신 것은 상처받고 괴로워하는 이들을 안아 주라는 깊은 뜻에서다. 사랑의 마음으로 안아 주기만 해도 치유의 역사가 일어나는데, 이것이 필자가 강의하는 '허그 테라피'이다.

포옹의 기적

"연인을 꼭 껴안고 어루만져 주어라. 성적인 친밀감에 이르는 길은
상대가 무엇을 원하는가를 이해하는 것에서부터 시작한다."

– 웃음천사 권영세 –

필자는 칠형제 중 말째로 태어났으며, 아주 어릴 때 밤에 자다가
무서운 꿈을 꾸고 두려워하면 엄마는 나를 꼭 안아 주었던 기억이 난
다. 그러면 두려움의 공포에서 벗어나 평안히 잠에 들곤 하였다. 열
이 나고 아프면 배를 쓰다듬고 얼굴을 볼에 대고 안아 주었는데, 그
러면 낳곤 한 기억이 지금도 생생하다. 막내로서 유독 엄마의 품에서
자랐기에 엄마의 포옹이 얼마나 따뜻하며 치유의 능력이 있는지 누
구보다도 많이 경험하여 잘 알고 있다.

2010년 3월 호주 시드니병원에서 한 아이가 태어났다. 그러나 27

주 만에 1㎏도 안 되는 미숙아로 태어난 한 아이에게 태어난 지 20분 만에 사망 선고가 내려졌다. 의사로부터 사망 선고를 통보받은 엄마는 의사에게 부탁했다.

"한 번만 안아 보아도 될까요?"

그리고 엄마는 환자복을 벗고 자신의 가슴에 아기를 밀착시키고 죽은 아기에게 작별 인사를 건네기 시작했다.

"아가야, 엄마의 심장 소리가 들리니? 엄마는 너를 아주 많이 사랑한단다."

그렇게 아이의 몸을 쓰다듬으며 작별 인사를 하고 있는 동안 작은 기척이 느껴졌다. 의사는 사망 후의 일시적 반사 반응이라고 했지만, 엄마는 멈출 수 없었다. 아기에게 젖을 물리고 쓰다듬으며 아기의 생명을 불렀다.

그리고 두 시간 후, 아기는 기적처럼 작은 손을 뻗어 엄마의 손가락을 잡고 엄마의 젖을 빨기 시작하였다. 엄마의 포옹이 기적을 불러온 것이다. 호주 시드니 방송과 영국의 데일리 메일에서 이 같은 사실을 대대적으로 보도하기 시작하였다.

포옹은 죽은 아이도 살리는 기적이 있다. 포옹에는 꺼져 가는 생명에게 산소 호흡기를 씌우는 것 같은 놀라운 효과가 있으며, 포옹을 하면 치유와 회복의 역사가 일어난다.

우리 서로 부부에게 그리고 가족에게 포옹 운동을 전개해 보자. 친구와 연인끼리 그리고 직장 동료끼리 포옹 운동을 전개해 보자. 따뜻

포옹이 행복이다

하고 행복한 부부 생활과 행복한 가정과 따뜻하고 인정 넘치는 사회가 될 것이다. 포옹이 바로 행복의 비결이기 때문이다.

공짜로 안아 드립니다

"포옹은 신체를 치유하고 마음을 따뜻하게 해 준다."

– 웃음천사 권영세 –

　필자의 양친은 다 하늘나라로 가셨기 때문에 매년 11월 첫째 주 토요일이면 온 가족이 함께 모여 1박 2일로 추모행사를 가진다. 칠형제가 순서대로 돌아가면서 모든 경비와 행사 일체를 준비하고 주관하는 가족 행사이다.

　목사인 필자가 추모예배를 인도하는데, 설교 후에는 형제끼리 돌아가면서 한 해 동안 있었던 감사한 일, 어려웠던 일, 기도제목을 나누고 함께 기뻐하고 함께 아쉬워하며 함께 기도한다. 예배 후에 전체가 서로 돌아가면서 포옹하며 격려한다. 이날만큼은 아주버님과 제수씨도 함께 포옹한다. 얼마나 형제우애가 돈독해지고 화기애애한 가족이 되는지, 가정 천국 그 자체이다.

가족 위기 문제의 심리적 원인으로 애정결핍을 흔히 이야기하는데, 이는 스킨십 결핍의 또 다른 표현이라고 할 수 있다. 우리 주변의 가정을 살펴보면 포옹이나 스킨십이 많은 가정일수록 밝고 화목하고 활기가 넘쳐나서 행복해지는 것을 볼 수 있다.

호주 청년 후안만은 '공짜로 안아 드립니다(Free Hugs)'라는 피켓을 들고 시드니의 거리로 나섰다. 이 청년은 사람들이 많이 다니는 시드니의 거리에서 광고판이 아닌 'Free Hug'라고 적힌 피켓을 들고 사람들에게 다가갔다. 사람들은 처음엔 낯설어했지만, 하나둘 그 청년을 껴안고 지나가기 시작했다.

맨 처음 그 청년을 껴안았던 사람은 외동딸이 죽은 지 꼭 1년이 된 어느 할머니였다. 할머니는 청년에게 다가가 정말 안아도 되느냐고 묻고는 조심조심 청년을 감싸 안았다. 그리고 말했다.

"정말 따뜻하군요. 이렇게 따뜻하게 누굴 안은 건 참 오랜만이야."

그 뒤를 이어 수많은 사람들이 그와 따뜻한 포옹을 나눴고, 그 모습을 담은 'Free Hugs'라는 제목의 동영상이 지구촌 누리꾼들에게 큰 감동을 전하면서, 30여 개 나라의 사람들이 각지에서 이 같은 캠페인을 벌이고 있다.

우리나라는 세계 OECD 가입 34개국 중 이혼율 1위, 자살률 1위라는 불명예국가가 되었으며, 오늘날은 가족해체 위기에 직면한 사회가 되었다. 우리는 이 문제를 어떻게 해결할 것인가를 고민해야 한다. 필자는 가족이 서로 안아 주기 운동을 확산시키는 것이 가족 위기 문제의 실마리를 푸는 열쇠라고 본다. 가정에서부터 포옹 운동을 전개하고 이 운동이 확산되어 직장에서 또는 공동체에서 전개된다면, 이 사회는 분명 따뜻하고 행복한 사회가 될 것이다.

포옹이 행복이다

포옹 없이 살 수 없다

"포옹이 빠진 키스는 향기 없는 꽃과 같다."

– 격언 –

　필자는 요양원, 병원, 복지시설 봉사를 참 많이 했다. 어르신들과 함께 웃고, 어르신들을 일일이 손잡아 주고 안아 주었다. 직원분들에게도 어르신들을 안아 주는 것이 외로움을 덜어 드리는 것이라고 말하며 안아 드릴 것을 늘 강조한다. 어린아이들도 포옹 없이는 살수 없지만, 어르신들도 마찬가지이다.

　흔히들 늙으면 어린아이가 된다고 한다. 그러니 어르신들도 포옹없이는 외로워서 살 수 없는 것이다. 어린이나 어르신들은 밥만 먹고 사는 것이 아니라 사랑을 먹고 사는데, 사랑의 구체적인 표현이 바로 '포옹'인 것이다.

　신체 접촉이 아이에게 미치는 영향을 불행히도 인간을 대상으로 한 실험이 진행된 적이 있다.

13세기에 시행된 원시적인 실험에서 독일의 황제 프레더릭 2세는 아이가 아무 말을 듣지 못한 채 자라게 되면 어떤 언어를 구사하거나 반응을 보일지 궁금했다. 그래서 그는 여러 명의 아이에게 먹이기만 하고 사람들로 하여금 만지지도, 껴안지도, 말을 건네지도 못하게 했다. 아이들은 결국 말 한마디도 할 수 없었고 말을 할 나이가 될 때쯤 대부분 사망했다. 정말 끔직한 비윤리적인 실험이었다. 이로써 신체접촉이 생명 유지에 있어 매우 중요하다는 것이 분명해졌다. 당시 이 사건을 보았던 역사학자 살렘 베이는 1248년 "아이들은 따뜻한 손길 없이 살아갈 수 없다."고 기록하였다. 따뜻한 손길과 포옹은 어린 생명들에게는 생사를 결정하는 것이다.

또 루소는 그의 저서 『에밀』에서 "풀 한 포기가 자라기 위해서는 햇빛과 공기가 필요하듯 한 인격이 성숙하기 위해서는 칭찬과 포옹이 필요하다."고 했다.

필자는 고려대학교와 숙명여자대학교 평생교육원 교수로서 '행복 테라피'라는 주제로 강의를 하는데, 강의 후 원우들과 일일이 악수하고 가볍게 포옹해 준다. 강의를 통해 감동을 주고 포옹을 통해 따뜻한 사랑을 전하는 것이다. 마음의 상처와 아픔이 치유되고 회복되었다며 고마움을 표현하는 학생들이 많은 걸 보면, 치유의 효과는 대단한 것 같다.

사랑하는 아내와 자녀를 꼭 안아 주자. 끌어안은 품 안에서 놀라운 일이 일어날 것이며, 당신의 포옹은 마음속 깊은 사랑과 감사와 위로를 한꺼번에 전해 줄 것이다. 그런 포옹이 가장 필요한 사람은 바로 당신의 가족이다. 자녀들을 안아 주고 아내와 남편을 안아 주고 부모님들을 안아 주고 가족을 안아 주면, 분명 행복한 가정이 될 것이다.

포옹의 효과

"포옹으로 신체 접촉을 하면 감정이나 신체를
최고의 상태로 만들어 준다."
– 펜실베이니아주립대학교 오프 가드비 교수 –

    필자의 포옹 테라피 강의는 포옹으로 심리적 안정을 주며 몸과 마음과 정신과 환경을 치유하고 회복하는 방법에 대한 설명으로 이루어진다. 물론 포옹은 남녀 간에 조심스러운 일이기도 하며 아무나 할 수 있는 것은 아니다. 열린 마음, 주님의 마음과 십자가의 사랑을 가질 때 가능한 것 같다.

    포옹은 여러 가지 효과가 있다. 사랑하는 사람을 안아 주는 것만으로도 스트레스가 사라지고 우울증이 감소될 수 있다. 포옹은 이처럼 치료로서의 효과도 있지만, 친밀감과 유대감 그리고 행복을 느끼게 한다.

미국 온라인매체 허핑턴 포스트(The Huffington Post) 건강섹션에 게재된 포옹이 몸에 좋은 이유 6가지를 소개한다.

첫째, 포옹은 사람끼리 품에 껴안고 남을 아량으로 너그럽게 품어주는 것이며, 심리적인 안정감을 준다. 미국 인디애나 주 드포대학 심리학자 매트 허트스테인 박사에 따르면, 포옹을 하면 모성 행동을 촉진시키는 옥시토신이 뇌에서 분비된다고 한다. 이 호르몬은 정서적 유대감과 친밀감을 촉진시키고 심리적인 안정감을 준다.

둘째, 포옹은 혈압을 낮추고 심장에 좋다. 포옹이 미주 신경을 통해 뇌로 신호를 보내 혈압을 낮춰 주기 때문이다. 또한 포옹을 하고 있는 사람이 그렇지 않은 사람보다 심장박동수가 안정적이라는 실험 결과도 있다. 이처럼 포옹은 행복한 감정뿐만 아니라 신체 건강에도 좋은 영향을 준다.

셋째, 포옹으로 인해 공포, 두려움이 완화된다. 네덜란드 암스테르담 자유대학교 샌더 쿨 연구원에 따르면, 다른 사람과 몸을 접촉하는 것은 심리적 불안, 공포증, 두려움을 완화하는 데 탁월한 작용을 한다고 한다. 곰 인형을 껴안는 것만으로도 공포심이 누그러드는 효과가 있다.

넷째, 포옹의 효과는 우울증이 감소된다는 점이다. 미국 오하이오 주립 대학 연구진에 따르면, 나이가 들면 박탈감과 이를 통한 우울증이 생기는데 포옹을 하면 이를 예방할 수 있다고 한다. 포옹이 심리적 안정에 큰 효과를 주기 때문이다.

다섯째, 포옹을 하면 스트레스가 줄어든다. 다른 사람과 포옹하는 순간, 스트레스 호르몬인 코르티솔 수치가 떨어져 스트레스가 해소되는 것이다. 포옹하면 긴장감이 풀리고 침착해지라는 메시지가 뇌에 전달된다고 한다.

여섯째, 포옹은 자녀의 정신을 건강하게 만든다. 미국 에모리 대학 연구진에 따르면, 어린 시절 잦은 신체접촉이 성장 과정에서 스트레스를 줄여 주는 데 큰 역할을 한다고 한다. 실제 의학보고 사례에 의하면, 부모와의 허물없는 신체접촉이 많은 자녀일수록 성격이 밝고 대인관계가 원활한 경우가 많다고 한다. 특히 유아기에는 포옹과 스킨십이 스트레스와 밀접한 관계가 있어 자주 안아 주는 것이 좋다. 포옹은 마음의 병을 치유해 주고 두려움을 이기게 해주고 외로움을 없애준다. 또한 안정감을 주어 자녀의 정신을 건강하게 만들어 준다.

이처럼 포옹의 효과는 실로 대단하다. 포옹이 곧 행복이며 기쁨이다.

백혈구와 적혈구의 사랑

"포옹은 하는 사람이나 받는 사람
모두 행복해질 수 있는 최고의 방법이다."

– 웃음천사 권영세 –

필자는 가족이나 지인들을 만나면 악수와 함께 포옹의 인사를 나눈다. 왜냐하면 포옹의 효과를 알기 때문이며, 허그 테라피 강의를 하기 때문이다. 우리의 몸은 하나님이 만드신 신묘막측한 신비를 지니고 있는 걸작품이다.

우리 몸의 혈액에는 백혈구와 적혈구라는 성분이 들어 있다. 그중에서 백혈구는 우리 몸에 어떤 이상한 병균이 들어오면 얼른 그 침입자를 처리하는 일을 도맡아 하고 있다. 그런데 백혈구가 침입자를 처리하는 모습을 보면, 아주 커다란 진리를 깨달을 수 있다.

얼핏 생각하면 백혈구는 아주 강력한 어떤 방법을 쓸 것 같지만,

그는 절대 무력을 쓰거나 학대의 방법을 사용하지 않는다. 넌 왜 그렇게 더럽냐고, 넌 왜 이렇게 지저분하냐고 놀려대지도 않고 아주 심한 욕설을 하는 것도 아니다. 그저 침입자에게 가까이 다가가 자신의 가슴을 활짝 열어 주며 품 안에 꼭 껴안아 버리는 것이다. 그리고 아주 깊은 사랑으로 그를 감싸 준다.

백혈구에게 안긴 그 침입자(병균)는 너무 황홀해서 정신이 없다. 왜냐하면 단 한 번도 그런 사랑을 받아 본 적이 없기 때문이다. 결국 그 침입자는 백혈구의 사랑에 감동해서 그렇게 녹아 버리는 것이다. 참으로 백혈구의 사랑은 놀랍다. 보기 싫든 지저분하든 가리지 않고 백혈구는 모두 다 껴안아 준다. 그는 우리 인간과는 너무나도 다른 사랑을 하고 있는 것이다.

우리의 몸에는 또한 적혈구라는 것이 있는데, 이 적혈구는 아주 사랑이 넘친다. 우리 몸에 산소는 정말 중요한 생명과도 같은 것이다. 그런데 적혈구는 언제나 이리저리 다니다 산소가 필요한 곳이 있으면 아낌없이 자신의 가장 소중한 산소를 내어 준다. 자신의 것도 조금만 챙겨 두면 좋을 텐데 그러지 않고 적혈구는 100% 다 내어 준다. 그리고는 4일쯤 살아 있다가 몸의 어느 구석에선가 조용히 숨을 거두고 만다.

아마 우리 사람 같으면 자기 것은 조금 남겨 두고 남에게 주었을 것이다. 그런데 적혈구는 그런 계산적인 사랑을 하지 않는다. 우리 몸은 바로 이런 사랑을 행할 줄 아는 작은 생명들이 모여 이루어져 있

포옹이 행복이다

다. 이 말을 다시 곰곰이 생각해 보면, 우리 안에는 바로 이런 사랑을 행할 능력이 누구에게나 다 숨겨져 있다는 것이다.

그런데 우리는 심장 속에 깊이 담겨 있는 이 사랑을 드러내지 못하며 살고 있다. 자신이 한없이 이기적이고 나쁜 성격을 가지고 있다고만 생각하고 이런 부분에 대해 아예 포기하고 살아갈 때가 많다. 하지만 이런 우리의 몸에도 지금 사랑의 희생은 일어나고 있다. 자신을 드러내지 않으며 따뜻하고 유유히 흘러가는 바로 당신의 핏속에서 말이다.

스킨십에 눈을 떠라

"포옹은 우울증과 불안감 해소에 효과가 매우 크다."

– 웃음천사 권영세 –

필자의 큰딸은 직장인인데, 늘 아빠인 필자에게 이렇게 말한다. "아빠! 엄마 외에는 절대로 다른 사람들에게 포옹하지 말고, 여자들하고는 악수도 하지마!" 그리고는 포옹하는 모습을 스마트 폰으로 찍어 올리면 성추행으로 언론의 구설수에도 오르고 큰일 난다며 경찰서 가서 조사받게 된다고 주의를 준다. 언론에서 자주 나오는 단골 메뉴인 성추행·성폭행 사건 때문에 어디를 가든지 인기 많은 웃음천사 아빠가 걱정이 되는 모양이다.

성인이 되면 연인에게 키스를 한다. 키스도 아주 중요한 스킨십이다. 키스의 의미에 대해 알아보자. 손에 하는 키스는 존경을 나타내

포옹이 행복이다

고, 발에 하는 키스는 헌신을, 이마에 하는 키스는 우정을, 뺨에 하는 키스는 감사를, 눈에 하는 키스는 희생을, 입술에 하는 키스는 사랑을, 목에 하는 키스는 욕망을, 귀에 하는 키스는 정열을, 가슴에 하는 키스는 안식을, 배에 하는 키스는 평화를 나타낸다.

여성들은 첫 키스의 추억을 죽을 때까지 잊지 못한다고 한다. 키스를 형용사로 나타내면 달콤한, 황홀한, 부드러운, 짜릿한 등으로 나타낼 수 있다. 사랑을 보여 주는 최상의 스킨십이 키스라고 하는데, 키스는 상당한 의미와 효과를 나타낸다. 키스를 하면 행복 호르몬이 배출되어 행복감을 느끼게 한다.

그뿐만 아니라 포옹도 여러 가지 효과를 불러일으킨다. 포옹은 사랑하는 사람 사이에서뿐만 아니라 모르는 사람끼리도 할 수 있다는 점에서 포괄적이다. 너무 반가울 때도 하고, 위기에서 벗어났을 때도 포옹을 한다. 죽어 가는 사람에게 위로할 때 하기도 하고, 메달을 따서 의기양양한 사람에게 축하를 하기 위해서도 포옹을 한다. 정신적으로 위기에 처한 사람에게 포옹은 큰 효과를 나타낸다. 강하게 포옹하는 것을 영어로는 '허깅(hugging)'이라고 하는데, 치유 효과를 많이 본다.

당신이 행복을 원하는 사람이라면 스킨십과 포옹과 입맞춤에 눈을 떠야 할 것이다. 스킨십은 돈이 드는 것도 아니고 힘이 드는 것도 아니다. 그러면서도 함께하는 이들에게 신뢰를 얻어 낼 수 있는 것이 바로 포옹과 스킨십과 입맞춤이다.

스킨십은 리더십의 중요한 덕목으로 떠오르고 있다. 성공을 위해서, 사랑을 위해서, 그리고 가정의 행복을 위해서 스킨십을 발휘해 보라. 가족끼리 서로서로 안아 주고 가볍게 키스를 해 보라. 백 마디 말보다 한 번의 포옹이 더 효과가 있고, 백 마디 고백보다 한 번의 키스가 더 행복하게 만들 것이다.

포옹이 행복이다

12번의 포옹이 필요하다

"하루 열두 번의 포옹도 부족하다."

– 웃음천사 권영세 –

요즘은 우리 사회에서 성추행 사건이 자주 발생하여 사회 문제가 되기 때문에 포옹 운동은 참 조심스러운 운동이다. 그러나 포옹 운동이야말로 사랑이 메마른 이 시대에 꼭 필요한 운동이다.

아내들이 가장 행복한 순간은 언제인가? 모 여성지에 나온 글을 읽어 보니, 아내가 된장국을 끓이고 있는데 남편이 뒤에서 포옹해 주는 순간이라고 했다. 인간은 본래 피부 접촉을 원하는 존재이다. 인간 뿐만이 아니라 세상 만물은 그 어느 것도 홀로 존재할 수 없으며, 서로 의존하면서 살아간다.

아프리카 초원의 톰슨가젤은 새끼를 낳으면 계속 핥아 주는데, 이는 냄새를 없애서 치타나 하이에나 등의 맹수로부터 새끼를 보호하기 위한 행동이라고 한다. 원숭이는 서로 털을 헤치며 이를 잡아 주는데, 이는 사랑의 표현 행동이라고 한다. 꽃이 종족을 보존할 수 있는 것도 꿀벌의 스킨십 덕분이다. 동물이나 식물이나 서로 접촉이 없으면 생존할 수 있는 것은 아무것도 없다. 하물며 인간은 어떻겠는가?

인간은 어렸을 때 엄마의 극진한 스킨십을 받고 자라는데 씻겨 주고, 닦아 주고, 입을 맞춰 준다. 그리고 이때의 황홀한 추억이 평생을 간다. 조금 더 나이가 먹어 초등학교에 가면 친구끼리 어깨동무를 하고 다닌다. 이때부터 남자아이들은 여자아이들에 비해서 스킨십이 약해진다.

우리가 어렸을 때 어른들은 머리를 쓰다듬거나 등을 두드리면서 말씀하셨다. "공부 잘해라. 훌륭한 사람 되어야지!" 또 성인이 되면 연인에게 포옹을 한다.

가족치료의 선구자 버지니아 사티어(Virginia Satir 1916~1988)는 "험악한 세상 살아남기 위해서는 하루 4번의 포옹이 필요하고, 앞으로 살아가기 위해서는 하루 8번의 포옹이 필요하고, 건강한 인격으로 성숙하기 위해서는 하루 12번의 포옹이 필요하다."고 했다. 행복을 위해서, 성공을 위해서, 사랑을 위해서, 포옹 운동이 필요하다. 서로를 편안하고 행복하게 만들어 주는 포옹이야말로 건강과 행복의 비결이다.

포옹이 행복이다

접촉의 굶주림

"스킨십은 치유와 행복의 비결이다."

– 웃음천사 권영세 –

현대를 일컬어 '정신적 굶주림의 시대'라고 한다. 물질의 풍요와는 거꾸로 정신세계는 너무 메말라 있기 때문이다. 현대인들은 특히 '대화의 굶주림(Talking Hungry)', '접촉의 굶주림(Touching Hungry)', '성적(性的) 굶주림(Sex Hungry)'의 상황에 처해 있다.

이 중에서도 접촉은 인간의 오감 중 가장 중요한 감각이다. 인간은 약 106개의 화학 원소로 만들어져 있는데, 피부 접촉을 하게 되면 뇌에 자극을 주어서 뇌 속에 있는 화학 요소의 생산을 자극하는 데 큰 몫을 한다.

접촉에 대한 욕구는 어렸을 때는 어느 정도 충족된다. 그러나 점점 자라면서 접촉의 기회는 줄어든다. 접촉이 결핍되면, 과연 어떤 증세가 일어날까?

가출소녀의 90%가 접촉 결핍증에 걸려 있다는 임상 보고가 있다. 유아기 때 접촉이 결핍되면 많이 울거나 여러 가지 잔병을 앓게 된다는 보고도 있다. 사랑은 접촉이고 접촉이 곧 사랑이다. 접촉을 통해서 사랑이 전달되기 때문이다.

접촉에 가장 민감한 부분은 '손바닥'과 '손가락'이다. 손바닥으로 쓰다듬고 손가락 끝으로 애무를 하라. 그리고 사랑을 깊이 전하는 대표적인 방법이 포옹과 키스이다. 포옹과 키스는 백 마디 말보다 더 효과가 있다. 그래서 우리는 서로 만지고 안아 주며 키스하며 살아야 한다.

말로 감정의 표현을 다 못하였거든 피부로 말하라. 피부는 입술이나 혀보다도 더 크게 외치기도 하고, 더 깊은 내용을 전해 주기도 한다. 부부간의 피부 접촉은 필수 중의 필수이다. 서로 만진다는 것은 사랑의 징표이며 행복의 원동력임을 명심하자.

part 3.

희망이 행복이다

3

(1) 희망은 볼 수 없는 것을 보고, 만져질 수 없는 것을 느끼고, 불가능한 것을 이룬다.

(2) 큰 희망이 큰사람을 만든다.

(3) 꿈은 이루어진다. 이루어질 가능성이 없었다면 애초에 자연이 우리를 꿈꾸게 하지도 않았을 것이다.

(4) 희망이 없는 일은 헛수고이고, 목적 없는 희망은 지속할 수 없다.

(5) 우리는 모두 누군가를 기쁘게 한다는 희망 위에서 산다.

(6) 나의 희망은 항상 실현되지는 않지만, 나는 항상 희망한다.

(7) 희망이란 깨어 있는 꿈이다.

(8) 생명이 있는 한 희망은 있다.

(9) 인류의 대다수를 먹여 살리는 것은 희망이다.

⑩ 희망은 믿음의 어버이다.

⑪ 세상은 고통으로 가득하지만 한편 그것을 이겨 내는 일로도 가득 차 있다.

⑫ 희망은 어떤 상황에서도 필요하다.

⑬ 희망만이 인생을 유일하게 사랑하는 것이다.

⑭ 희망은 잠자고 있지 않은 인간의 꿈이다. 꿈은 희망을 버리지 않는 사람에게 주는 선물이다.

⑮ 내 비장의 무기는 아직 손안에 있다. 그것은 희망이다.

⑯ 희망은 강한 용기이며 새로운 의지이다.

⑰ 희망은 그것을 추구하는 사람을 결코 내버려 두지는 않는다.

⑱ 희망은 인격적이다. 희망은 인정이 많다. 희망은 자기를 추구하고 갈망하는 사람을 결코 외면하지 않는다.

⑲ 희망은 제2의 혼이다. 아무리 불행하다 하더라도 혼이 있으면 쉽게 가라앉지 않는다. 아무리 힘들다 하더라도 혼이 있으면 쉽게 좌절하지 않는다.

⑳ 힘은 희망을 가진 사람들에게 주어지고, 용기는 가슴속의 의지에서 일어나는 것이다.

희망이 행복이다

희망이라는 약

"희망은 질병, 재앙, 죄악을 고치는 특효약이다."

– 엘리오트 라이스 –

　한때 항암치료를 받으며 투병생활을 할 때, 15일을 밤낮으로 잠을 못 자며 죽음에 대해 고민하며 사투를 벌인 적이 있었다. 아픔과 죽음은 어느 누가 대신해 줄 수 없는 것이며 본인만이 감당해야 하는 것이다. 아무리 사랑하는 아내라도 함께해 줄 수 없기 때문에 외로운 투쟁이다. 인생길은 대체로 외롭지만, 죽음의 길은 더 외롭다. 세상에서 가졌던 모든 희망은 끊어질 수밖에 없기 때문이다. 그 길은 누가 함께 가 줄 수 있는 것이 아니다.

　그러나 그때에도 오직 우리에게 최후에 희망을 주시는 분이 계시는데, 그분이 바로 나를 위해 십자가에 못 박혀 죽으시고 부활하시고 승천하셔서 과거 · 현재 · 미래의 죄까지 다 탕감해 주시고 하늘과 땅에 모든 권세를 가지시고 내 안에 들어오셔서 나를 성전 삼으시고 새 언약을 이루어 주시는 예수 그리스도이시다.

1982년 미국 보스턴의 한 병원에 뇌암에 걸린 소년이 누워 있었다. 이름은 숀 버틀러. 일곱 살의 어린 숀은 의사로부터 회생 불가 판정을 받았다. 야구광인 숀은 보스턴 레드삭스의 홈런타자 스테플턴의 열렬한 팬이었다.

어느 날 숀의 아버지는 스테플턴에게 편지 한 통을 보냈다. "내 아들은 지금 뇌암으로 죽어 가고 있다. 당신의 열렬한 팬인 숀이 마지막으로 당신을 한번 보기를 원한다." 그리고 스테플턴은 숀이 입원한 병원을 방문했다. "숀, 내가 스테플턴이다. 내일 너를 위해 멋진 홈런을 날려 주마, 희망을 버리지 마라." 숀은 눈을 번쩍 뜨며 반갑게 야구영웅을 맞았다.

이튿날, 스테플턴은 소년과의 약속을 지켜 홈런을 쳤다. 그 소식은 숀에게 그대로 전달되었고 소년은 병상에서 환호했다. 그런데 그때부터 소년의 병세는 완연한 회복 기미를 보였다. 그리고 놀랍게도 5개월 후에는 암세포가 말끔히 사라져 퇴원할 수 있었다. 기적 같은 일이 일어난 것이다. 미국 언론들은 이 사실을 연일 대서특필하였다.

기억하십시오! 희망과 기쁨은 암세포를 죽이는 명약이라는 것을…….

희망이 행복이다

사람에게 가장 무서운 병은 '절망'이라는 악성 종양이다. 그래서 실존주의 철학자 키엘 케고르는 "절망은 죽음에 이르는 병"이라고 하였으며 "절망은 죄악"이라고 하였다. 절망하는 자는 이 땅에 살지만 지옥 같은 삶을 사는 사람이다. 지옥은 소망이 없는 곳이며 절망이 영원한 곳이며 꺼지지 않는 유황불이 타는 곳이요, 버려지도 죽지 않는 곳이다. 이 세상에서 가장 무서운 마음의 전염병은 바로 절망이다.

철학자 에른스트 블로흐(Ernst Bloch, 1885~1977)는 "희망은 모든 인간의 행위 속에 들어 있는 하나님의 힘"이라고 했다. 어떤 경우에도 포기하지 말라. 그리고 어떠한 상황에서도 희망을 가져라! 희망은 절망을 치료하는 특효약이다.

희망을 닦는 소년

"희망은 사람을 성공으로 이끄는 신앙이다."

– 헬렌 켈러 –

　필자는 요양 복지시설, 교도소, 구치소, 군부대 재능기부 강연을 하며 목사로, 교수로서 한 달에도 수백 명의 사람들을 교육하며 복음을 전하고 있다. 죽음의 절망과 아픔 중에 희망을 잃지 않은 결과인 것이다.

　위대한 희망은 위대한 인물을 만들며, 행복하다는 것은 희망을 가지는 것을 말한다. 꿈을 지녀라. 그러면 어려운 현실을 이길 수 있다.

　런던의 한 길모퉁이에서 구두를 닦는 소년이 있었다. 아버지가 빚 때문에 감옥에 갇혔기 때문에 집안 살림을 꾸려 나가기 위해 구두를 닦아야 했다. 새벽부터 나와서 밤늦게까지 길거리를 지나가는 사람들의 구두를 닦으면서도 그 소년은 얼굴에 밝은 웃음을 잃지 않았다. 늘 노래를 부르는데, 밝은 노래만 불렀다. 사람들은 그에게 물었다.

"구두 닦는 일이 뭐가 그리 좋니?"

그때마다 소년은 이렇게 대답했다.

"즐겁지요. 저는 지금 구두를 닦고 있는 것이 아니라 희망을 닦고 있어요."

이 소년이 바로 『올리버 트위스트』를 쓴 세계적인 작가 찰스 디킨스이다.

아무리 먹구름이 짙어도 그 먹구름 뒤에는 빛나는 태양이 있다. 우리는 시련과 환경이 어렵고 힘들어도 그 모든 것을 합력해서 선을 만들어 가시는 하나님의 살아 계심을 믿는다.

어린 찰스 디킨스가 손님들의 반짝거리는 구두코 위에서 희망의 별빛을 보았던 것처럼 어렵고 힘든 환경 속에서도 당신의 희망은 온전히 빛날 것이다. 희망은 절망을 이기는 비결이며, 행복의 비결이다.

극복의 힘

"태양이 빛나는 한 인간의 가슴에는 희망이 빛난다."

– 라스커 쉴러 –

　절망하는 자는 어려운 환경에 쓰러지지만 희망을 가지는 자는 절망적인 상황에서도 다시 일어날 수 있다. 필자가 바로 그 경험자이다. 죽음 앞에서도 소망을 잃지 않았고, 절망적인 환경에서도 다시 일어섰다. 그래서 필자의 삶이 더욱 귀하고 빛나는 것이다. 희망은 절망도 이길 수 있으며, 소망은 죽음 앞에서도 천국을 노래할 수 있다.

　영국의 헨리 포세트는 사냥을 갔다가 아버지의 실수로 엽총이 오발되어 양쪽 눈을 다 잃는 사고를 당했다. 그는 원망과 절망 가운데 지냈다. 그의 아버지는 이 일 때문에 비탄에 빠져 거의 미칠 지경에 이르게 되었다. 아버지를 사랑했던 그는 이제 더 이상 자신의 절망한 모습을 보이지 않기로 결심했다. 그래서 옛날의 야망을 다시 가진 것 같이 부지런히 무엇인가 하며 기쁜 듯이 행동했다.

그러던 중 놀라운 변화가 일어났다. 아버지를 위해 속마음과 달리 가장해서 살아왔는데, 시간이 흐르면서 정말로 그렇게 되어 간 것이 었다. 결국 그는 국회의원이 되고 나중에는 체신부 장관까지 지내며 나라 발전에 크게 기여했다.

절망과 어려운 환경 가운데서 희망을 가지고 살기란 무척 어려운 것이 사실이다. 희망을 갖기가 어렵다면, 희망을 가진 척이라도 해 보면 어떨까? 그렇게 생활하다 보면 정말 희망 속에 살고 있는 자신을 발견할 수 있을 것이다. 희망을 품기가 어려우면 "희망을 가진 것처럼 나는 할 수 있다!"고 외쳐 보자. 어려움을 극복하고 한결 마음이 편안해지며 행복해질 것이다.

유일한 희망, 예수

"행복하다는 것은 희망을 가지는 것을 말한다."

– 헤르만 헤세 –

기독교 가정에 태어난 필자는 여덟 살 때부터 목사가 되겠다고 서약을 했으며, 언제나 주님 마음 되어 살고자 하며 그분의 삶을 실천하며 살고자 한다. "이웃을 네 몸같이 사랑하라!"는 계명을 마음에 새기며 이웃을 배려하고 사랑하고자 한다. 예수 그리스도는 언제나 나의 유일한 소망이며 희망이었다.

아무 희망이 없는 곳, 그곳이 바로 지옥이다. 우리가 지금 여기서 삶을 살고 있는 것은 무엇인가 희망이 있기 때문이다. 세상에는 두 종류의 사람이 있다. 앞을 내다보며 한숨짓는 사람이 있는가 하면, 앞을 내다보며 미소를 짓는 사람이 있다. 앞을 내다보며 한숨짓는 사람은 그 인생이 바로 지옥이다. 그러나 앞을 내다보며 미소를 짓는 사람은 그 인생이 바로 천국이다.

고환암을 극복하고 세계 최고의 자전거 경주에서 승리한 랜스 암스트롱(Lance Armstrong)은 자서전 『자전거 그 이상의 이야기』에서 이렇게 말했다. "내게 1%의 희망만 주어져도 나는 그 희망을 위해 달린다."

단 1%의 희망을 가지고 그 희망을 향해 달리면 승리의 월계관을 쓸수 있다. 그 1%의 희망은 생명을 위협하는 암도 정복하게 만들고, 그 1%의 희망은 죽음도 이기게 한다. 그러므로 어떤 상황 속에서도 희망을 잃지 않는 것이 중요하다.

희랍어인 '안드로포스(Anthropos)'는 '사람'이란 뜻인데 본래 의미는 '위를 바라보는 존재'를 말한다. 인간이 인간됨은 희망을 가짐에 있다. 진정한 희망은 내 안에 살아 계신 예수 그리스도를 바라보는 것이다. 절망은 죽음에 이르는 병이지만, 믿음은 새 생명을 얻는 희망인 것이다. 희망이 곧 행복이다.

희망 상자

"이 세상을 움직이는 힘은 희망이다."

– 마틴 루터 –

초등학교 2학년을 다닐 때의 일이다. 인적 사항에 장래 희망이 무엇인가를 적는 난이 있었는데, 나는 한 치의 망설임도 없이 '목사'라고 적었고 그 꿈을 바라보며 한길로만 달려 왔다. 나는 마침내 그 꿈을 이루었고, 다른 사람에게 희망을 주는 목사가 되고 하나님 마음에 합한 종이 되기를 오늘도 힘쓰고 있다.

이 세상을 움직이는 힘은 희망이다. 수확할 희망이 없다면 농부는 씨를 뿌리지 않을 것이고, 아이가 태어난다는 희망이 없다면 젊은이는 결혼을 하지 않을 것이며, 이익을 얻을 희망이 없다면 상인은 장사하지 않을 것이다. 좋은 희망을 품는 것은 바로 그것을 이룰 수 있는 지름길이다.

희망이 행복이다

매우 가난한 광부가 있었다. 광부에게는 두 아들이 있었는데, 모두 두뇌가 명석했다. 하루는 장남이 자신의 꿈을 이야기했다. "나는 의사가 되어 가난한 사람을 돕겠어요." 광부는 기뻤으나 마음 한편은 무거웠다. 생계를 유지하기도 힘든데 어떻게 대학을 보낸단 말인가. 그렇다고 아들의 꿈을 꺾을 수는 없었던 아버지는 커다란 상자 하나를 아들에게 보여 주며 말했다.

"아들아, 네가 자랑스럽다. 가정형편이 어려우니 고학을 해야 한다. 나는 지금부터 너를 위해 이 상자에 돈을 모으겠다. 네가 의사가 되면 이 상자에 모은 돈으로 병원을 지어 주마. 이것은 우리 둘만의 약속이니, 아무에게도 말하지 말라."

아들은 열심히 공부해 의사가 되었고, 아버지는 까만 때가 낀 거친 손으로 장롱에서 상자를 꺼냈다. 그러나 상자는 비어 있었다. "네 꿈을 꺾지 않으려고 거짓말을 했단다." 아들은 눈물을 글썽이며 아버지의 손을 꼭 잡으며 말했다.

"아버지, 고맙습니다. 상자 속에는 아버지의 사랑이 가득 담겨 있어요. 그것은 제게 희망의 상자였습니다."

우리 모두 희망의 상자를 하나씩 가져 보자. 반드시 그 꿈이 이루어질 날이 올 것이다. "꿈은 이루어진다."는 말이 있다. 자녀들에게 희망의 상자를 나눠 주자. 그들의 꿈을 마음껏 펼쳐 나갈 수 있도록 말이다. 꿈이 없는 백성은 망한다고 했듯이 꿈과 희망이 성공의 비결이요, 행복의 비결이다.

희망의 노래

"희망은 만들어 가는 것이다. 희망은 원래 어디에도 없다.
당사자가 만들면 있고, 안 만들면 없는 것이다."

– 도법 스님 –

위의 도법스님의 말은 참 귀중한 명언이다. 필자는 이 명언을 마음에 새기고 싶다. 행복은 만들어 가는 것이듯 희망 역시 자신이 만들어 가는 것이다. '희망은 자신이 만들면 있고, 안 만들면 없는 것'이라는 말은 곰곰이 생각해 보면 맞는 말이다. 아무리 목표가 있고 희망이 있다 할지라도 자신의 것으로 만들지 않으면 아무 소용이 없다.

어릴 때부터 영도자의 자질을 갖췄던 마케도니아의 황제 알렉산더(BC 356~323)는 왕위에 오른 후 그리스를 평정하는 위용을 과시했다. 그가 얼마나 큰 지도자인가는 헤레스본드 해협을 건너면서 드러났다. 그는 이때 자신의 소유를 장병과 지역주민들에게 다 나누어 주었다. 이를 본 한 신하가 "폐하, 그렇게 다 나누어 주시면 폐하에게 무엇이 남겠습니까?"라고 물었다. 그러자 그는 당당한 목소리로 대답했다.

"짐은 앞에 있는 희망을 갖겠노라."

이 얼마나 멋진 모습인가?

1930년대 초 미국은 심각한 대공황을 겪고 있었다. 어느 날 클레어린스 목사가 공장이 밀집된 지역의 한 흑인교회를 방문했다. 그 교회의 신자들은 대부분 극빈자들이었으며, 60% 이상이 실직을 당한 상태였다. 그런데 교인들이 부르는 찬송은 힘과 희망이 넘쳤다. 그들의 표정에서 절망의 빛을 찾을 수 없었다. 클레어린스 목사는 설교를 중단하고 교인들에게 물었다.

"지금은 대공황입니다. 도무지 희망이 없어 보입니다. 실업자는 계속 증가하고 있어요. 그런데 여러분은 무엇이 그리 즐겁습니까?"

그때 한 교인이 자리에서 벌떡 일어나 밝은 표정으로 대답했다.

"우리는 지금 예수 그리스도를 노래하고 있습니다. 예수 그리스도가 우리 안에 계신다는 사실이 최고의 희망입니다."

신앙은 고난을 희망으로 바꾸는 힘이 있으며, 하나님에 대한 믿음은 인간이 가질 수 있는 최고의 인생 자산이다. 희망은 고난의 밤에도 밝은 새 아침을 노래하게 만든다. 지금은 어려워도 희망을 노래하

면 반드시 광명의 새 아침이 밝아 올 것이다. 우리도 앞에 있는 희망
을 가지겠노라고 고백해 보자. 희망이 곧 행복이다.

절대 희망

"희망은 볼 수 없는 것을 보고, 만져질 수 없는 것을 느끼고,

불가능한 것을 이룬다."

– 헬렌 켈러 –

필자의 넷째 형님과 형수님은 서울 신월동 삼일교회 장로와 권사이다. 2013년 1월의 추운 겨울날, 형님과 형수님이 일을 간 사이 빈집에 화재가 발생하여 전소 되었다. 그야말로 입고 있는 작업복밖에 없는 비극적인 상황을 맞이하게 된 것이다. 절망할 수도 있겠지만, 눈물로 호소하며 희망이신 주님을 바라보았다. 현재 형님 내외는 형제들과 이웃들의 십시일반 도움으로 아담하게 조립식 집을 짓고 다시 행복한 삶을 살고 계신다. 희망은 절망을 이기는 비결이다.

키엘 케고르(Kierkegaard, 1813-1855)는 그의 저서 『죽음에 이르는 병』에서 사람을 죽음으로 몰고 가는 병은 '절대 절망'이라고 했다. 세상

을 살다 보면 항상 좋은 일만 생기는 것은 아니다. 어려운 문제를 만나게 될 때, 가장 중요한 것은 문제를 대하는 그 사람의 태도이다.

정약전은 신유박해 때 16년 동안 흑산도에 유배되었다. 그는 그곳에서 흑산도 근해의 생물을 직접 채집하고 관찰해『자산어보』라는 책을 썼다. 그 내용이 얼마나 정확하고 자상한지 오늘날에도 중요한 자료가 되고 있다. 그는 16년의 고독한 세월을 절대 희망의 기회로 바꾸었다.

행복한 사람은 모든 것을 가진 사람이 아니라, 상황을 새롭게 만드는 사람이다. 어떤 상황에서도 희망을 만드는 사람이다. 절망 속에서도 하늘에 소망을 두고 살기 때문이다.

독일의 작가 에른스트 블로흐는 "인간은 끊임없이 희망을 품는 존재"라고 하였다. 인간에게 극한 상황에서도 인내와 용기를 가질 수 있게 만드는 힘은 바로 희망이다. 희망이 행복인 것이다.

희망이 행복이다

희망을 파는 사람

"나의 희망은 항상 실현되지는 않지만 나는 항상 희망한다."

– 오비디우스 –

"지도자란 희망을 파는 상인이다." 나폴레옹 보나파르트(Napoleon Bonaparte)의 말이다. 대통령을 '국부' 또는 '국모'라 한다. 최초의 여성 대통령이라 국민들은 어머니 같은 마음으로 상처받고 힘들고 어려운 민초들을 감싸고 보듬어 줄 줄 알았으나, 분열과 대립과 갈등으로 지쳐 가고 있다.

지금 우리 국민들은 어머니와 같은 따뜻한 사랑의 품을 그리워하며 포근하고 푸근한 따스함을 느끼고 싶어 한다. 그러나 많은 국민들이 불통과 독단과 독선, 오만으로 가는 모습을 보며 걱정스러운 마음을 가지는 것 같다. 현명한 국민들은 협치를 하라고 20대 국회에서 여소야대 3당 체제의 국회를 만들어 주었다.

이러한 때 기독교 지도자들로부터라도 예수 그리스도의 희생적인 사랑을 찾고 싶으나, 이미 복음의 빛을 잃은 지 오래다. 기독교 지도자는 복음과 예수의 생명으로 희망을 주는 사람이며, 내가 잘되는 것이 아니라 남을 잘하게 하는 사람이다. 구원과 생명의 길을 제시하고 희망을 주고, 사람들로 하여금 행복한 길로 인도하는 것이 기독교 지도자의 역할이다. 그러나 종교가 타락하고 기독교가 부패되어 가고 있으니 희망이 없어 보인다. 지금은 희망을 파는 사람이 절실히 필요한 때이다.

나치 독일이 폴란드를 점령하고 있을 때, 폴란드의 유대인 전용 시장에 한 노인이 빈 책상을 앞에 두고 앉아서 소리를 지르고 있었다.
"여러분! 여기 이 세상에서 가장 값비싼 것을 사 가세요!"
지나가던 사람이 물었다.
"아니, 노인장! 아무것도 팔 것이 없지 않소?"
그러자 노인은 그 사람에게 이렇게 속삭였다.
"나는 희망을 팔고 있소. 우리 민족의 꿈과 비전 말이오."

그렇다. 희망이란 참으로 아름다운 것이며 이 세상에서 가장 비싸고 소중한 것이다. 희망! 그것은 우리의 생명이요 능력이며, 인생의 새 아침을 밝히는 태양과 같기 때문이다. 행복한 사람은 희망을 잃지 않는다. 아무리 정치와 종교가 희망이 없고 경제가 좋지 않고 미래가 어둡게만 보인다 할지라도 우리는 희망을 잃지 않아야 한다. 꿈이 있

희망이 행복이다

는 우리에게는 희망차게 살아야 할 이유와 특권이 있다.

이 책을 읽는 독자들이여! 우리 다 함께 희망을 파는 사람이 되어
보자. 희망이 행복이다.

마지막 잎새에 건 희망

"위대한 희망은 위대한 인물을 만든다."

– 토마스 풀러 –

필자는 오 헨리의 작품을 좋아한다. 오 헨리는 「크리스마스 선물」, 「양배추와 임금님」, 「20년 후」, 「경찰관과 찬송가」 등 300여 편 정도의 단편을 썼는데, 그중에서도 「마지막 잎새」(The Last Leaf, 1907)는 필자에게 깊은 감동을 주었다.

어떤 화가 지망생 처녀가 폐렴에 걸려 날로 병세가 악화되어 갔다. 이 사람은 삶을 포기한 채 창밖에 있는 담쟁이 넝쿨의 이파리만 세면서 마지막 잎새가 떨어지는 순간, 자신도 죽게 될 것이라고 생각한다.

이 화가 지망생이 사는 집 아래층에는 가난한 노인 화가가 어렵게 살고 있었다. 이 노인은 세계적인 그림을 그려 보고 싶은 꿈이 있지만, 현실은 너무나 각박했다. 그저 싸구려 광고물이나 그리면서 겨우 입에 풀칠만 하면서 살아갈 뿐이었다.

젊은 화가 지망생 처녀가 어느 날 창문을 바라보니, 담쟁이 잎새가 하나만 남아 있다. 이 처녀는 '이제 저 마지막 잎새가 떨어지는 날 나도 죽겠구나.' 하고 생각하면서 절망한다. 그런데 그 이튿날 보니까 그 마지막 잎새가 담 벽에 그대로 붙어 있었다. 그다음 날도, 또 그 다음 날도 마지막 잎새가 떨어지지 않자, 이 처녀는 삶에 대한 애착을 다시 가지기 시작한다.

드디어 의사가 이 처녀의 완쾌를 알려 주던 날, 그 마지막 잎새는 진짜가 아니라 아래층에 사는 노인 화가가 담장에 그려 놓은 그림이라는 사실을 알게 되었다. 그러나 마지막 잎새를 그린 그 노인은 그림을 마친 그날 밤, 폐렴을 얻어서 죽고 말았다.

오 헨리가 남긴 대부분의 작품은 마지막 스토리가 전혀 예상치 못한 반전을 이룬다는 특징을 가지고 있다. 「마지막 잎새」도 폐렴에 걸려 삶을 포기한 처녀 화가 지망생이 마지막 잎새가 떨어지는 날 자기도 죽게 될 것이라고 믿었는데, 폐렴으로 진짜 죽은 사람은 이 처녀가 아니라 그 처녀를 살리기 위해 정성을 다해 마지막 잎새를 그린 노인 화가였다.

자신의 운명을 마지막 잎새 하나에 걸고 있는 처녀를 살리기 위하여 죽을힘을 다해 마지막 잎새를 그린 노인은 자신이 폐렴을 얻어 죽고 말았다는 것이다. 이 얼마나 놀라운 반전인가? 폐렴에 걸려 죽어

가던 여자가 마지막 잎새 하나를 그려 놓고 폐렴에 걸려 죽은 노인 때문에 살아났다는 것이다.

희망은 이처럼 놀라운 능력이 있으며, 반전이 있다. 희망을 가져라, 절망을 이길 수 있는 길이다. 희망을 가져라, 당신의 꿈을 이룰 수 있는 비결이다. 희망을 가져라, 당신이 행복해 지는 비결이다.

희망이 행복이다

희망 없이는

"생명이 있는 한 희망은 있다."

– 나폴레옹 보나파르트 –

스위팅(George Sweeting)이라는 사람은 "사람은 40일을 먹지 않고도 살 수 있고, 3일 동안 물을 마시지 않고도 살 수 있으며, 8분간 숨을 쉬지 않고도 살 수 있다. 그러나 희망 없이는 단 2초도 살 수 없다." 라고 했다.

똑같은 상황, 똑같은 환경이라 할지라도 희망을 가슴에 품고 있는 사람의 인생과 절망을 가슴에 품고 있는 사람의 인생 사이에는 도무지 메울 수 없을 만큼의 커다란 차이가 있다. 실패를 성공으로 이끄는 말, 아무것도 가진 것이 없는 빈손일 때도 모든 것을 가질 수 있는 가능성을 주는 말, 세상에서 두 글자로 된 말 중에서 가장 좋은 말, 그것은 바로 '희망'이다.

인간에게 가장 무서운 것은 희망을 잃는 것이다. 이탈리아의 시인 단테는 자신의 작품 「신곡」에서 지옥의 입구에는 이런 글이 적혀 있다고 적었다. "여기 들어오는 자는 모든 희망을 버려라."

자, 이제 우리를 행복으로 데려다 주는 말 '희망'을 늘 가슴에 품고 살아가자. 어떤 상황 어떤 장소 어떤 시간에서도 결코 포기해서는 안 될 것 하나, 그것은 바로 희망이다. 세상에 희망만 한 명약도 없다. 희망이 없을 때, 희망이 사라졌을 때, 우리는 주저앉게 된다. 지금 당장 힘들고 어렵더라도 살아 있음은 희망이 있다는 증거이다. 살아 있다고 하는 것은 희망을 품고 있다는 말이고, 희망이 있다는 것은 아직 살아 있다는 증거이다.

다시 말해, 우리에게 생명이 있다는 것은 우리에게 희망이 있다는 것이다. 희망이 없이 생명을 줄 수 없고 희망 없이 꿈을 꿀 수도 없다. 희망이 없으면 기다림도 없고, 기다림이 없으면 미래 또한 없다. 숨을 쉬어도 희망이 없으면 그는 곧 죽은 자이다. 희망은 아플수록 더욱 빛나며, 희망은 바랄수록 더욱 빛나고, 희망은 기다릴수록 더욱 빛난다. 그래서 희망이다.

희망이 행복이다

part 4.

용서가
행복이다

4

(1) 용서만큼 완벽한 복수는 없다.

(2) 서로 용서하는 것이야말로 가장 아름다운 사랑의 모습이다.

(3) 어리석은 자는 용서하지도 잊지도 않는다. 순진한 자는 용서하고 잊는다. 현명한 자는 용서는 하나 잊지는 않는다.

(4) 항상 당신의 적을 용서하라. 그것만큼 적을 괴롭힐 수 있는 것은 없다.

(5) 가장 나쁜 사람은 용서를 모르는 사람이다.

(6) 먼저 용서하라. 먼저 용서하는 사람이 이기는 사람이다.

(7) 친구를 용서하는 것보다 원수를 용서하는 것이 훨씬 쉬운 일이다.

(8) 용서하라, 용서하지 못해 자신의 하루를 망치지 말라.

(9) 용서가 늦으면 승리는 상대에게 넘겨진다.

⑩ 당신에게 죄를 지은 사람이 있거든, 그가 누구이든 그것을 잊어버리고 용서하라. 그때 당신은 비로소 용서한다는 행복을 알 것이다.

⑪ 사랑하는 동안에만 용서할 수 있다. 용서하는 것은 가장 고결하고 가장 아름다운 사랑의 형태이다.

⑫ 용서는 이 세상에서 듣지 못할 평화와 행복을 그 보답으로 준다.

⑬ 복수할 때, 인간은 그 원수와 같은 수준이 된다. 그러나 용서할 때, 그는 그 원수보다 위에 서 있다.

⑭ 용서하는 것이 용서받는 것보다 낫다.

⑮ 용서하는 일은 좋은 일이다. 그러나 잊는 일은 더욱 좋은 일이다.

⑯ 신은 사람을 다 알기 때문에 용서하지 않을 수 없고 사람은 사람을 다 모르기 때문에 용서하지 않을 수 없다.

⑰ 약한 사람은 결코 용서할 수 없다. 용서는 강한 사람의 특징이다.

⑱ 과실을 범하는 것은 인간적이요, 용서를 하는 것은 신적이다.

⑲ 더 많이 알면 더 많이 용서하는 법이다.

⑳ 누군가를 용서하지 않고 있으면 자신이 괴롭다.

용서가 행복이다

세상에서 제일 아름다운 부부

"가장 숭고한 복수는 용서하는 일이다."

– 허드슨 테일러 –

결혼한 지 31년이 되었지만 아직 아내와 싸워 본 기억이 없다. 서로를 존중하고 배려하며 아끼고 사랑하고, 서로 존대어를 쓰며 늘 행복해지려고 노력한다. 참 행복한 부부로 살고 있다. 필자에게 가끔 부부 갈등 문제로 상담을 해오는 사람들이 있다. 들어 보면 안타깝기도 하고 행복의 조건을 다 가지고 있으면서 불행의 길을 걷고 있는 모습을 보며, 필자는 이렇게 조언해 준다.

"부부의 행복은 누가 가져다주는 것이 아니라, 스스로 만드는 것입니다. 남편이 변화되기를 바라지 말고 당신이 변하면 남편이 서서히 변화됩니다. 미소로 오래 참음과 감사와 사랑과 칭찬과 용서로 행복을 만들어 보세요."

하나님은 천사에게 이 세상에서 가장 아름다운 부부를 찾아오라고 세상에 내려보냈다. 천사는 땀을 흘리면서 열심히 일을 하고 있는 농부를 만났다. 서로가 정답게 일하는 모습이 참으로 아름다웠다.

"이 부부야말로 가장 아름다운 부부로구나!"

천사는 하나님께 말씀드렸다.

"세상에서 가장 아름다운 부부는 밭에서 열심히 일하는 부부입니다."

그러자 하나님께서 말씀하셨다.

"다시 찾아보아라. 더욱 아름다운 부부가 있을 것이다."

천사는 다시 세상을 돌아다녔다. 그때 천사는 아내를 업은 남편이 강을 건너고 있는 것을 보았다. 아내를 업은 남편은 두 눈이 먼 맹인이었고, 아내는 두 다리가 없는 장애인이었다. 남편은 아내의 두 다리가 되어 주고, 또 아내는 남편의 두 눈이 되어 열심히 살아가는 부부였다. 천사는 감탄하였다. '이렇게 아름다운 사랑의 부부가 또 어디 있을까?' 천사는 하나님께 말씀드렸다.

"하나님, 가장 아름다운 부부는 눈먼 남편과 두 다리가 없는 아내인 부부입니다."

하나님께서 말씀하셨다.

"그 부부도 참으로 아름답구나. 그러나 다시 가서 한 번 더 찾아보아라. 더욱 아름다운 부부가 있을 것이다."

천사는 다시 아름다운 부부를 찾아 나섰지만 그러나 아름다운 부부는 찾을 수가 없었다. 며칠을 헤매다가 지쳐서 땅 위에 주저앉아 버

용서가 행복이다

렸고, 날은 어둡고 추웠다. 그때 어디선가 구슬픈 울음소리가 들려왔다. 울음소리는 조그마한 오두막집에서 나와 멀리멀리 퍼져 나갔다. 천사는 이상히 생각하여 오두막집을 찾아갔다. 오두막집의 방 안에서는 늙은 부부가 서로 부둥켜안고 하염없이 울고 있었다.

"여보세요. 어째서 이렇게 슬프게 우십니까?"

그러자 남자가 울음 섞인 소리로 대답했다.

"이 여자는 제 아내입니다. 그런데 나는 아내도 버리고 가정도 버리고 온갖 나쁜 짓만 한 죄인이랍니다. 그런데도 이 못난 남편을 모두 용서해 주고 사랑해 주고 있으니 너무나 고마워서 울고 있는 겁니다."

그때 아내가 말했다.

"아닙니다. 아내인 제가 잘못하여 남편을 나쁜 길로 가게 한 것입니다. 그런데도 이렇게 나에게 용서를 빌고 있으니 얼마나 고마운 일입니까?"

천사는 감탄하였다. 그리고 하나님께 말씀드렸다.

"하나님, 보십시오! 세상에서 가장 아름다운 부부가 여기 있습니다."

그때야 하나님께서 말씀하셨다.

"그렇도다. 자기 죄를 진심으로 뉘우치는 눈물과 용서와 사랑을 나누는 눈물이 바로 가장 큰 아름다움이로다. 천사여, 평화를 주고 오너라."

조그만 오두막집 안에 별들이 모이고 평화와 사랑의 노래가 가득히 울려 퍼졌다.

허물을 용서하는 것이 자기의 영광이요, 행복이다. 용서하는데 무슨 오해가 있으며, 싸움이 있고 이혼이 있겠는가? 부부를 한 몸이라고 하지 않았던가? 아름다운 사랑과 용서가 있을 때, 비로소 행복한 부부가 될 수 있을 것이다. 결국 용서는 행복의 지름길이다.

용서가 행복이다

무너진 동상

"용서할 줄 모르는 태도는 자신에게
사랑이 없음을 나타내는 증거이다."

— 단 해밀턴 —

우리나라 속담 가운데 '사촌이 땅을 사면 배가 아프다.'는 말이 있다. 사촌이 땅을 사면 기뻐해야지, 왜 배가 아플까? 타락된 본성에서 나오는 시기심과 질투심 때문이다. 타락된 본성은 시기·질투·미움·증오·욕심·욕망으로 가득 차 있다. 그러므로 새 마음이 필요하며, 새 마음은 예수 그리스도의 마음이다.

사도 바울은 "너희 안에 이 마음을 품으라. 곧 그리스도 예수의 마음이라."고 했다. 우리는 예수 그리스도의 마음을 가져야 한다. 주님의 마음은 온유하고 겸손하며 사랑하고 용서하는 마음이다.

옛날 그리스에 늘 경기에서 이기는 인기 선수가 있었다. 나라에서는 그 사람의 정신을 길이 전하기 위해 그 사람의 동상을 세웠다. 그런데 그 선수의 경쟁자가 그것을 질투하였고, '내가 어떻게 해서든지 저 동상을 무너뜨리고야 말겠다.'는 마음을 품었다.

그리고 그는 밤마다 동상 밑에 몰래 가서 동상 밑으로 구멍을 뚫어 헐기 시작했다. 그러자 어느 날 마침내 그 동상은 무너져 버렸다. 그러나 그때 동상 밑에서 동상을 헐던 그는 미처 피하지 못하고 깔려 죽고 말았다.

미움은 다른 사람을 죽일 것처럼 기세를 떨치지만, 결국 자기 자신을 죽이게 된다. 용서하지 않으면 증오심이나 복수심 그리고 미운 감정을 가지게 되며, 마음이 완악해지고 평안이 없고 모든 일에 기쁨도 사라진다. 그 사람만 생각하면 심장이 뛰고 불안하고 초조해져서 건강에도 매우 좋지 않은 영향을 미친다. 코티졸과 아드레날린과 같은 스트레스 호르몬이 증가되어 면역력을 떨어뜨리기 때문이다.

용서하지 않는 것은 결국 나의 몸과 마음과 정신을 병들게 하고 죽이는 일이다. 반면 용서하면 마음이 편안해지고 ,불안 · 초조 · 염려 · 근심 · 걱정 · 두려움이 사라진다. 생활에 활력이 생기고 더 이상 분노하지 않아도 된다. 결국 용서가 평안이요, 행복의 비결이다.

바벰바 부족

"인간의 마음에는 언제나 용서할 수 있는 힘이 있다."

– 스베친 부인 –

　필자는 교정교육선교회 대표로서 법무부 및 국방부 교정위원으로 교정기관 및 군부대에서 인성교육을 하기 때문에 늘 수감자분들을 대하게 된다. 그들 중에는 순간의 실수로 교도소에 들어와 있는 분들도 있는데, 그들에게 자존감을 세워 주고 칭찬과 감사로 그들의 교화에 힘쓰고 있다.

　남아프리카의 바벰바 부족사회에서는 반사회적인 범죄행위가 좀처럼 일어나지 않는다. 그러나 혹여 그런 행위가 일어날 경우, 그들은 우리와는 달리 상당히 흥미로운 의식으로 죄를 저지른 사람을 계도한다.

먼저 규범에 어긋난 행위를 저지른 부족원을 마을 한가운데에 세운다. 그러면 모든 부족원들이 하던 일을 멈추고 그 부족원 주변으로 모여든다. 어린아이도 빠지지 않는다. 모여든 모든 부족원들은 둥그렇게 에워싸고 차례로 돌아가면서 그가 그동안 베풀었던 선행을 하나씩 말한다. 그의 건설적인 속성과 능력, 선행, 친절한 행위 등 모든 것이 빠짐없이 열거된다. 거짓말을 하거나 과장하거나 우스갯소리는 허용되지 않는다.

이 의식은 며칠을 두고 이루어진다. 부족원 모두가 그의 긍정적인 면을 찾아내어 칭찬할 수 있을 때까지 계속되는 것이다. 그에 대한 불만이나 무책임하고 반사회적 행위에 대한 비판은 한마디도 하지 않는다. 그렇게 해서 부족원 전체가 그 부족원의 칭찬거리를 다 찾아내면 의식이 끝나고 즐거운 축제가 벌어진다. 그리고 그는 다시 부족의 일원으로 환영받으며 되돌아오게 된다.

이처럼 부족원 모두가 참여하는 이 긍정적 형태의 심판은 잘못을 저지른 부족원의 가치를 되찾아 주어 그로 하여금 부족의 기대에 어긋나지 않게 살도록 만드는 효과를 가져오게 된다. 바로 이러한 색다른 심판 때문에 이 사회에선 범죄행위가 없는 것이다.

중국 오지선 교회의 창설자 허드슨 테일러(Hudson Taylor)는 "최선의 복수는 무엇인가? 그를 용서하는 것이다."라고 했다. 가해자로부터 받은 마음의 상처는 '용서'라는 약으로만 치료될 수 있는 것이다. 다른 어떤 방법으로도 가해자로부터 받은 마음의 상처는 치료받을 수 없다.

가해자에게 복수하는 자는 그 가해자와 다를 바가 없지만, 용서하는 자는 분명히 그 가해자보다 나은 사람이다. 용서는 자신을 살리는 것이기에, 용서는 타인을 위해서 하는 것이 아니라 나 자신을 위해서 하는 것이라고 할 수 있다. 용서하면 마음이 편해지고 정신 건강에 좋으며 인간관계가 회복되고 용서하면 증오심이 사라진다. 용서하면 불안감이 사라지고 우울감도 사라지니 당연히 몸도 건강해진다. 용서가 행복과 평안의 지름길이다.

벌금 1만 원을 내시오

"승리 가운데서 가장 신성한 것은 용서이다."

– 드라이든 –

    용서는 참으로 하기 어려운 것이다. 그러나 용서는 사랑의 최고봉이요, 전인치료의 마지막 관문이다. 원수를 용서하지 않고는 내 육체적 · 정신적 질병과 마음 · 영혼의 상처를 치료할 수 없다. 용서는 원수를 위해 하는 것이 아니라 나 자신을 위해서 하는 것이며, 용서할 때만이 완전한 회복과 치유가 이루어진다.

    빵을 훔치다 체포되어 기소된 노인과 판사의 사랑과 용서에 대한 이야기이다. 판사가 노인에게 어찌하여 빵을 훔쳤느냐고 묻자, 노인은 울먹이며 "죄송합니다. 너무 배가 고파 나도 모르게 손이 갔습니다."라고 자기 잘못을 시인하고 용서를 구했다. 판사는 "당신의 죄는

벌금 1만 원에 해당합니다. 벌금 1만 원을 내시오."라고 판결하고는 자신의 지갑을 열어 1만 원을 내놓았다. 그리고 이렇게 말했다.

"이처럼 배고픈 사람이 거리를 헤매고 있는데, 나는 그동안 너무 좋은 음식을 배불리 먹었습니다. 그래서 그 죄로 이 벌금은 내가 내겠습니다."

그리고는 재판 방청객들에게 같은 죄인으로서 벌금을 내실 분이 있으시면 내라며 자신의 모자를 벗어 돌렸다. 그렇게 판사는 그 자리에서 걷힌 돈을 노인에게 주었고, 노인은 감사의 눈물을 흘리며 재판정을 나갔다.

아직 용서가 안 되는가? 그렇다면 자신을 위해서 용서의 결단을 내려 보면 어떨까? 용서는 행복의 비결이요 평안의 열쇠요, 기쁨의 근원이며 건강의 비결이다.

물론 나에게 상처와 아픔을 준 사람을 용서한다는 것은 힘든 일이다. 그런데 사실은 나도 남에게 알게 모르게 많은 상처를 주었기에 용서를 해야 할 이유가 여기에 있는 것이다. 내가 남에게 상처 준 것을 갚을 수 있는 단 한 가지 방법은 내가 남을 용서하는 것이다. 남을 용서할 때 비로소 내 상처가 치유되기 때문이다. 용서는 마음의 상처를 치유하는 방법이며, 전인치료의 완성이다.

오직 한 가지 하지 않은 것

"용서를 구하는 자에게 칼을 쓰지 말라."

– 터키 격언 –

예수의 제자들이 "원수가 용서를 빌 때, 몇 번까지 용서해 주어야 합니까?"라고 예수께 묻자, 일흔 번씩 일곱 번이라도 용서하라고 하셨다. 490번만 용서하라는 것이 아니라, 무한히 용서하라는 것이다. 왜냐하면 하나님의 사랑은 무한한 사랑이기 때문이다.

영국에 유명한 웰링턴 제독이 있었다. 이 제독이 한번은 상습적인 탈영병 부하에게 사형선고를 내리기 직전에 말하기를 "나는 너를 교육도 시켜 보았다. 채찍을 들어 너를 때려도 보았고 노동도 시켜 보았다. 굉장히 심각한 벌도 주었다. 그러나 너는 돌이키지 않았고 새로워지지도 않았다. 별수 없이 너는 죽어야 한다."라고 했다. 이때

용서가 행복이다

지혜로운 웰링턴 제독 부하 한 사람이 제독에게 나와서 이렇게 말했다.

"각하! 각하께서는 아직 이 사람에게 한 가지를 시도하지 않았습니다. 각하는 이 사람을 용서해 보신 적이 없습니다."

제독은 이 지혜로운 부하의 충고대로 무조건 용서해 주었는데, 그 후 이 사람은 변했고 다시는 탈영도 하지 않았으며 웰링턴의 충성스런 부하가 되었다. 용서가 가져온 삶의 변화였다.

미국 역사상 스탠톤(Edwin Stanton)처럼 아브라함 링컨을 모욕한 사람은 일찍이 없었다. '저급하고 교활한 어릿광대 고릴라의 원종'이라고 할 정도였다. 그러나 아브라함 링컨이 대통령이 된 후, 그는 스탠톤을 국방장관으로 임명하였고 링컨은 최대의 예절로 그를 대해 주었다.

세월이 흘러 링컨 대통령이 극장에서 암살범의 흉탄에 맞아 쓰러져 그 유해가 안치된 좁은 방에서 제일 많이 눈물을 흘리며 슬퍼한 사람이 스탠톤 장관이었다고 한다. 그는 링컨 대통령을 보며 눈물을 흘리면서 "여기 세계 역사상 가장 위대한 통치자가 누워 있다."고 말하였다.

용서하면 충성스러운 신하를 얻을 수 있고, 정적도 내 사람으로 만들 수 있으며, 평화를 얻을 수 있고 화목해질 수 있다. 용서하면 원수도 친구로 변한다. 용서가 행복해지는 비결이다.

122

한 노예의 사랑

"복수할 때 인간은 그 원수와 같은 수준이 된다.
그러나 용서할 때 그는 그 원수보다 위에 서 있다."

– 베이컨 –

'제네비오 란'이라는 사람은 "수모를 당하고도 앙갚음하지 않고 태연히 수모를 참아 넘길 수 있는 사람, 그 사람은 세상사에 있어 위대한 승리를 거둔 사람이다."라고 했다. 여기 그 위대한 승리자가 있다. 바로 '조우'라는 사람이다.

어떤 사람에게 조우라는 충성된 노예가 있었다. 주인은 모든 일을 그와 의논하고 그에게 많은 일을 맡기고 있었다. 어느 날 주인은 조우와 함께 또 다른 노예를 사기 위해 노예 시장에 갔다. 많은 노예들이 상품처럼 진열되어 있는데, 유달리 늙고 힘없는 한 노예가 끼어 있었다. 주인은 힘이 좋고 젊은 노예를 사려는데, 조우가 병든 노예를 사자고 주장해서 주인은 조우의 말대로 그 노예를 사 왔다.

병든 노예는 집에 와서도 별로 일을 하지 못했지만, 조우는 열심히 그를 간호하고 잘 돌보아 주었다. 주인은 조우에게 "일도 못 하는 그 노예를 무엇 때문에 그토록 극진히 돌보는가?"라고 물었다. 그러자 조우가 눈물을 흘리며 말했다.

"저 노예는 나의 원수입니다. 내가 어렸을 때에 나를 유괴해서 노예 상인에게 팔아 지금의 신세가 되었습니다. 그런데 뜻밖에 저 사람도 노예가 되어 병들어 있습니다. 내가 그의 얼굴을 보는 순간 하나님이 내게 말씀하시기를, 원수를 사랑하라는 것이었습니다. 저는 이제 저분이 세상 떠날 때까지 사랑할 것입니다."

용서하는 곳에 평안이 있고 승리가 있고 문제의 해결이 있다. 그것은 바로 원수를 용서하는 것이요, 나의 마음을 아프게 한 사람을 너 그렇게 받아 주는 것이다.

원수를 용서한다는 것은 참 어렵고 힘든 일이다. 오직 나를 위해 십자가에 피 흘려 죽으신 예수 그리스도의 십자가의 사랑이 부어질 때만 가능한 것이며, 온전히 주님 마음 될 때 가능한 것이다. 그러므로 주님 마음 되게 해 달라고 구하고 십자가의 사랑을 부어달라고 구해야 할 것이다. 하나님의 사랑으로 가득히 채워져 주님 마음만 되면 원수도 용서할 수 있게 된다. 용서가 곧 행복이다.

인디언의 용서

"우리가 용서받기 위해 기도하고 용서하기 위해

기도한 것만큼 아름다운 것은 없다."

– J. P. 리히터 –

　인생은 나그네이고 잠깐 보이다가 없어지는 안개와 같다. 우리는 당장 내일 어떻게 될지 알지 못한다. 그러므로 순간순간 자비를 베풀며 살고, 너그러운 마음으로 포용하며 살아야 한다. 세상은 넓은 것 같지만 정말 좁고도 좁다. "원수는 외나무다리에서 만난다."는 말이 있듯이 언제 다시 만날지 아무도 모른다.

　인종차별이 심했던 때, 한 미국 신사가 자기 집 정원 앞에서 맥주를 마시며 서 있었다. 이때 남루하고 몹시 피곤해 보이는 한 인디언이 지나가다가 그 신사에게 빵을 좀 달라고 애걸했다. 신사는 "너에게 줄 빵이 없다."고 말했다. "그렇다면 지금 당신이 마시는 맥주라도 한 잔 주십시오."라고 부탁했으나, 역시 거절당했다. 몹시도 배가 고프고 갈증이 난 인디언은 마지막으로 물 한 모금이라도 달라고 사정했지만 미국 신사는 "너처럼 개 같은 인디언에게 줄 물은 없다."고 딱 잘라 말했다. 인디언은 슬픈 얼굴로 돌아갔다.

얼마 후에 이 미국 신사는 사냥을 나갔다가 깊은 산중에서 사냥개를 놓쳐 그만 길을 잃었다. 방향감각도 없이 산속에서 헤매는데 날이 어두워지기 시작했다. 그는 배고프고 목이 말라 죽을 지경에까지 이르렀는데, 마침 그때 그곳을 지나가던 인디언이 그의 딱한 사정을 보고 당장 구출해서 자기 집으로 안내하며 후히 대접했다.

그 신사가 정신을 차리고 난 후 가만히 보니, 자기를 구출한 인디언은 바로 얼마 전에 자기가 박대했던 그 인디언이었다. 미국 신사는 너무 어이가 없고 부끄러워서 어쩔 줄 몰라 하였다. 그런 미국 신사에게 이 인디언은 조용히 말했다.

"당신이 얼마 전에 나에게 한 것처럼 내가 당신을 대했다면 지금쯤 당신은 산중에서 죽었을 것입니다."

사랑과 용서는 사람을 감동시키며 감복하게 한다. 솔로몬 왕이 쓴 잠언에 "네 원수가 배고파하거든 식물을 먹이고 목말라하거든 물을 마시우게 하라. 그리하는 것은 핀 숯으로 그의 머리에 놓는 것과 일반이요, 여호와께서는 네게 상을 주시리라."고 했다.

원수를 용서하는 것이 최고의 사랑이요, 행복이다.

용서의 신비

"원수를 갚음으로 당신은 욕망을 만족시킬 수 있을지 모르지만,

용서함으로 당신은 욕망을 정복할 것이다."

- J. 플라벨 -

흔히 사람들은 웃음을 만병통치약과 같다고 하며, 사랑 역시 최고의 명약이며 신비를 지니고 있다고 한다. 그러나 그뿐만 아니라 용서 역시 신비한 위력을 지니고 있다.

코리텐 붐 여사는 화란 사람으로 2차 대전 중 쫓기는 유대인을 숨겨 주었다는 이유로 온 가족이 나치 수용소에 갇혔고, 혹독한 고문 끝에 온 가족이 다 죽임을 당했으나 그녀는 구사일생으로 살아남게 되었다. 전쟁이 끝난 후, 그녀는 전도자가 되어 온 세계에 다니며 용서의 복음을 전했다. 그녀가 용서의 메시지를 전하는 곳마다 놀라운

변화가 일어났으며, 수많은 사람들이 큰 감동을 받았다.

독일에서 그를 청하여 특별 집회를 가졌고, 수많은 사람들이 몰려왔다. 그러던 어느 날 저녁 집회를 마치고 돌아가는 사람들과 악수를 나누고 있을 때, 자기 손을 잡은 노신사를 바라보는 순간 그녀의 피가 거꾸로 흐르는 것 같았다. 바로 자기 가족을 고문하여 죽게 하고 자신의 꽃다운 처녀 시절 옷을 벗기고 때리고 고문하고 온갖 고통과 수모를 주던 바로 그 전범이 아직 살아서 자신과 악수하고 있지 않은가?

그 순간 그녀는 "하나님은 온 세상 사람들을 다 용서해도 이 사람만은 용서할 수 없습니다."라고 속으로 부르짖었다. 그때 주님의 음성이 들려오기를 "나는 그 사람까지도 구하기 위하여 십자가를 졌노라."라고 하시는 것이었다. 그녀는 예수 그리스도의 사랑과 용서의 은총을 힘입고 그 원수까지도 용서하였으며, 그를 마음으로 용서하는 그 순간이 자신의 생애에서 가장 즐거웠다고 고백했다.

용서는 하나님 때문에 해야 하고 용서받아야 할 상대방을 위해서도 해야 하지만, 나를 위해서도 용서하며 살아야 한다. 이미 우리는 하나님으로부터 엄청난 용서를 받은 사람들이기 때문에 서로서로 용서하며 사는 것이 마땅하다. 용서가 행복의 비결이다.

진정한 용서

"누군가를 용서하지 않고 있으면 자신이 괴롭다."

– 앤드류 매튜스 –

세상의 싸움은 상대를 때려눕혀야 승리한다. 그러나 그리스도인의 싸움은 상대를 용서해야 승리한다. 용서는 최선의 복수이며, 용서가 곧 승리하는 길이다.

한 소녀가 아버지와 함께 이스라엘 성지순례에 나섰다. 그때 한 테러리스트가 쏜 총알이 아버지의 머리를 관통했다. 충격을 받은 소녀는 범인을 찾아내 복수할 생각으로 히브리어와 아랍어를 열심히 배웠다. 그리고 워싱턴포스트지의 기자가 되어 이스라엘 근무를 자청했다.

그녀는 법원 기록을 뒤져 12년 만에 범인의 소재를 확인했다. 테러

용서가 행복이다

범의 이름은 오마르 하티브. '이제 드디어 복수의 기회가 왔다.' 그녀는 자신의 신분을 숨긴 채 범인과 가족들을 만났다. 그런데 크리스천인 그녀의 마음속에 갑자기 주님의 세미한 음성이 들려왔다.

"진정한 복수는 그들이 자신의 죄를 회개하게 만드는 것이다. 물리적 복수는 동물적 본능일 뿐이다."

그녀는 테러범과 가족들에게 오히려 용서를 구했다. 그리고 범인의 가석방을 위해 청원서를 제출하는 차원 높은 사랑을 보여주었다.

이 여인의 이름은 로라 블루멘펠트(Laura Blumenfeld), 전 워싱턴포스트지 기자의 이름이다. 하나님의 사랑을 깊이 느끼게 한다.

어떤 신부가 자기 교구의 교인 한 명이 특별한 하나님의 은혜를 받아서 과거 · 현재 · 미래를 다 알 수 있게 되었다는 소식을 들었다. 그래서 그가 정말 그런 은혜를 받았는지를 알고 싶어서 신부가 그를 만났다. 이 신부는 과거 신학교 시절에 저지른 어떤 죄로 항상 고민하고 있었다.

"하나님이 당신에게 정말 그런 은혜를 주셨습니까?"

그는 "물론."이라고 대답했다.

"그러면 내가 젊은 날에 죄지은 일로 늘 마음이 괴로운데, 내가 무슨 죄를 범했는지 하나님 앞에 물어볼 수 있겠습니까?"

그러자 기도해 보면 알 수 있다고 대답했다. 얼마 후에 신부가 다시 그를 만났다.

"기도해 보셨습니까?"

그가 기도했다고 대답했다.

"그러면 하나님께서 내가 옛날에 어떤 죄를 범했다고 말씀하십니까?"

이 교인이 대답했다.

"하나님께서 잊어버리셨답니다. 신부님!"

이 이야기는 하나님이 우리의 죄를 얼마나 완벽하게 용서하시는가를 잘 보여 주는 예화이다. 진정한 용서는 잊을 수 있어야 한다. 하나님은 독생자 예수 그리스도의 십자가에 대속의 죽음과 그 피를 보고 "그들의 죄와 그들의 불법을 내가 다시 기억하지 아니하리라."고 하셨다.

진정한 용서는 그의 잘못을 기억하지 않는 것이다. 하나님은 독생자 예수 그리스도께서 우리의 죄를 대신해서 십자가에 못 박혀 죽으셨기에 그분을 믿고 마음에 영접하면 우리의 죄와 불법을 다시는 기억지도 않으신다. 이것이 복음이다.

용서가 행복이다

치료의 특효약은 용서

"약한 자는 결코 용서할 수 없다.
용서하는 마음은 강한 자만이 가질 수 있는 특성이다."

− 마하트마 간디 −

저명한 문화비평가인 마셜 맥루한(Marshall McLuhan)은 자신의 저서
『의학과 성서』에서 "사람이 마음속에 분노를 품으면 각종 질병이 생
기고 기꺼이 용서할 때 이런 질병들이 치유된다."라고 하였다.

내게 잘못한 사람을 용서하지 못한 채 계속 미워하는 사람은 상대
방이 저지른 단 한 번의 악행으로 끊임없이 상처 속에 매여 살게 된
다. 따라서 나 자신을 위해서도 기꺼이 용서해야 한다. 건강해지기
를 원한다면 용서하고 행복하기를 원한다면, 자신을 위해서라도 용
서해야 한다.

「인격 의학」의 창시자인 폴 투르니에(Paul Tournie)의 글에 등장하는 이야기이다. 악성빈혈로 고생하는 한 직장 여성을 반년 이상 치료했지만 효과가 없었다. 그래서 회사에 병가를 내고 입원해 집중치료를 받도록 권했는데, 일주일 후에 다시 온 여인은 아주 건강한 모습이었다. 검사를 해 보니 악성빈혈 증세가 완전히 없어졌다. 놀란 의사가 물었다.

"지난 일주일 동안 무슨 일이 있었습니까?"

그 여성이 대답했다.

"죽도록 미워하던 한 사람을 용서했어요. 바로 그때부터 기분이 좋아지더니 삶에 희망이 생기고 이렇게 행복해졌어요."

여인에게 만성적 악성빈혈이 발병한 원인은 미움과 분노였고, 특효약은 용서였던 것이다.

복수는 복수를 부르지만, 용서는 나와 너, 우리 모두가 사는 길이다. 용서하는 마음을 가져라. 분노는 부정적인 것이고 독을 담고 있으며 자기 자신을 점점 소멸시켜 사라지게 한다. 먼저 용서하고 먼저 활짝 웃으면서 손을 내밀어 보라. 그러면 모든 인류의 얼굴에서 행복이 꽃 피는 것을 볼 수 있다.

항상 먼저 용서하라. 남이 용서할 때까지 기다리지 말라. 용서함으로써 운명을 정복할 수 있고, 인생을 설계해 나가며 기적을 만들 수 있다. 용서는 가장 고귀하며 가장 아름다운 사랑이므로, 용서의 대가로 당신은 건강과 행복을 받게 될 것이다.

용서가 행복이다

화목이
행복이다

5

(1) 화목하라 함은 어떤 사람의 말이 아니고 천래성이요, 하나님의 지
상 명령이다.

(2) 하나님은 화목하지 못한 가정에는 결코 축복을 내리시지 않는다.

(3) 자식이 효도하면 두 어버이는 즐거울 것이요, 집안이 화목하면 모
든 일이 잘 이루어지느니라.

(4) 건강을 유지하는 첫 번째 방법은 가정의 화목과 마음의 안정이다.

(5) 벌들은 협동하지 않고는 아무것도 얻을 수 없다. 그건 사람도 마
찬가지다.

(6) 거미줄도 결합하면 사자를 묶을 수 있다.

(7) 단결은 힘이다.

(8) 마른 빵 한 조각을 먹으며 화목하게 지내는 것이 진수성찬을 가득

히 차린 집에서 다투며 사는 것보다 낫다.

⑼ 가정불화의 원인의 대부분은 지극히 사소한 데에 있다. 남편이 출근할 때 아내가 손을 흔들고 다정하게 전송해 주기만 함으로써 이혼이 도망가는 경우도 많다.

⑽ 가족끼리의 화목은 정에서 우러나오게 된다. 가족까리의 화목이 정이다.

⑾ 어진 부인은 육친(六親)을 화목하게 만들고 간악한 부인은 육친의 화목을 깨뜨린다.

⑿ 아내는 청년의 연인, 중년의 말상대, 노년의 간호부이다.

⒀ 기분 좋은 웃음은 집안을 비추는 햇빛과 같다.

⒁ 화목하지 못한 자들은 두 구덩이를 파는 결과를 만든다. 서로가 상대방의 함정을 파기 때문이다.

⒂ 성급한 사람은 말썽을 일으키고 마음에 여유 있는 사람은 싸움을 말린다.

⒃ 화목은 행복의 근원이다.

⒄ 백 번 참는 집안에 태평과 화목이 있다.

⒅ 가정 건강과 가정에 만복을 불러들이는 것은 가정의 화목이다.

⒆ 화목하지 않은 가정에서 태어난 건 죄가 아니지만, 당신의 가정도 화목하지 않은 건 당신의 잘못이다.

⒇ 한 가족이 화목하여 한마음 한뜻이 되면 문 앞의 돌도 황금이 된다.

화목이 행복이다

가정의 평화를 위해

"남자에게 있어 최고의 재산은 마음씨 고운 아내이다."

– 에우리피데스 –

필자의 가정은 참 행복한 가정 천국이다. 괴테는 "왕이건 농부건 자신의 가정에 평화를 찾아낼 수 있는 자가 가장 행복한 자다."라고 했다. 행복은 자신의 내면에서 찾아야 하며, 가정에서 찾아야 한다. 행복은 내 안에 있고 가정에서 만들어지기 때문이다. 부부 싸움은 세계대전의 시작이며, 부부의 평화는 세계 평화의 시작이다. 부부가 행복하면 가정이 평안하고 행복이 찾아온다.

'메이어'라는 랍비는 설교를 잘하기로 유명하였다. 그는 매주 금요일 밤이면 예배당에서 어김없이 설교를 했는데, 몇 백 명씩 한꺼번에 몰려들어 그의 설교를 들었다.

그들 가운데 메이어의 설교 듣기를 매우 좋아하는 여인이 있었다. 다른 여자들은 금요일 밤이 되면 안식일에 먹을 음식을 만드느라 바쁜데, 그 여자만은 이 랍비의 설교를 들으러 나왔다. 메이어는 긴 시간 동안 설교를 했고, 그 여인은 그 설교에 만족한 마음으로 집으로 돌아왔다.

그런데 남편이 문에서 그녀를 기다리고 있다가 내일이 안식일인데 음식은 장만하지 않고 어디를 쏘다니고 있느냐며 화를 내며 물었다.

"예배 처소에서 메이어 랍비님의 설교를 듣고 오는 길이 에요."

그러자 남편은 몹시 화를 내며 소리쳤다.

"그 랍비의 얼굴에다 침을 뱉고 오기 전에는 절대로 집에 들어올 생각은 하지도 마!"

집에서 쫓겨난 아내는 할 수 없이 친구 집에서 머물며 남편과 별거하였다. 이 소문을 들은 메이어는 자기의 설교가 너무 길었기 때문에 한 가정의 평화를 깨뜨렸다고 몹시 후회했다. 그리고는 그 여인을 불러 눈이 몹시 아프다고 호소하면서 "남의 타액으로 씻으면 낫게 된다는데 당신이 좀 씻어 주시오."라고 간청하였다. 그리하여 여인은 랍비의 눈에다 침을 뱉게 되었다.

이 소식을 전해 들은 제자들은 랍비에게 물었다.

"선생님께선 덕망이 높으신데, 어째서 여자가 얼굴에 침을 뱉도록 허락하셨습니까?"

그러자 랍비는 이렇게 말했다.

"가정의 평화를 되찾기 위해서는 그보다 더한 일이라도 할 수 있

화목이 행복이다

다네."

　가정의 화목을 위해서는 어떠한 희생도 감수해야 한다. 오늘날 많
은 가정들이 불화하고 갈등하며 고통하고 있다. 그 이유는 희생하려
하지 않기 때문이다. 사랑과 희생이 있는 곳에 행복의 꽃은 피어날
것이다.

화평케 하는 남편

"저희 역사로 말미암아 사랑 안에서
가장 귀히 여기며 너희끼리 화목하라."
– 성경 –

    요즘 고부간의 갈등으로 힘들어하는 가정들이 의외로 많다. 고부
간의 갈등이 부부간의 갈등으로 이어져 이혼하는 사례들도 늘면서
사회문제화되고 있는 현실이다. 이에 따라 가정의 화목과 행복을 위
해 남편의 역할이 그 어느 때보다 중요하다고 하겠다.

    홀어머니를 모신 내외가 있었는데, 날마다 고부간에 싸워서 가정
의 평화라고는 없었다. 어머니 편을 들 수도 없고 아내 편을 들 수도
없고 중간에 끼어서 고생하는 것은 남편이었다. 어느 날 그는 좋은
꾀를 내어 알밤 한 말을 사 가지고 와서 아내에게 말했다.

화목이 행복이다

"여보, 당신과 어머님과 싸우는 걸 더 이상 볼 수가 없구려! 당신이 죽든지 어머니가 돌아가시든지 해야지 안 되겠소. 그러나 젊은 당신이 죽어서야 되겠소? 그래서 오늘 감쪽같이 어머니를 앓지도 않고 돌아가시게 하는 좋은 약을 사 왔으니 내 말대로 꼭 해야 하오."

그러면서 알밤을 건넸다.

"이건 밤이 아니에요?"

"음, 이걸 삶아서 매일 잡숫게 하면 어머니는 뚱뚱하게 살이 쪄서 혈압이 높아져 앓지 않고 쉽게 죽는다오. 그러니 돌아가실 분에게 공손히 잘 대하구려."

"네, 어디 그럼 당장 내일 아침부터 해 보겠어요."

며느리는 좋아라고 알밤을 삶아서 이른 아침에 가지고 들어가서 전에 없이 공손한 말씨로 시어머니에게 말했다.

"어머님, 안녕히 주무셨어요? 시장하실 텐데 이 알밤을 잡수세요."

시어머니는 뜻밖의 일이라 아무 말 않고 받아먹었다. 이튿날도 또 그다음 날도 매일 공손한 인사와 함께 며느리에게 서 밤을 받아먹은 시어머니 마음에 후회하는 생각이 일어나기 시작했다.

'저렇게 착한 며느리를 괜히 내가 심히 굴었지!'

이렇게 생각하자, 시어머니는 며느리를 아끼고 사랑하게 되었다. 그래서 싸움이 그칠 줄 모르던 이 집안이 화목하게 되었다. 그러던 어느 날, 아내가 남편에게 말했다.

"나 이제 저 알밤 내다 버릴 테야."

"아니, 왜?"

"어머님이 돌아가실까 겁이 나요! 그렇게 인자하신 어머니를 죽이려고 한 내가 나쁜 년이었어요!"

그러면서 흑흑 느껴 우는 것이었다. 남편은 흐느끼는 아내의 등을 어루만지며 말했다.

"여보, 어머닌 벌써 돌아가셨다오."

"네? 거짓말! 조금 전에도 정정하셨는데!"

"하하하 여보, 그 알밤은 며느리를 미워하는 시어머니를 죽였다오. 그 독약 참 효과 만점인데!"

"난 몰라요! 그렇게 감쪽같이 사람을 속이고!"

아내는 눈을 흘겼다.

남편의 지혜가 돋보이는 이야기이다. 시어머니와 며느리도 한 가족으로 서로 이해하고 사랑하며, 남편도 중립을 지켜 지혜를 발휘하여 행복한 가정을 만드는 데 최선을 다하여 모든 가정이 행복했으면 좋겠다.

가족의 평화가 곧 행복이다.

화목한 가정의 공통점

"미인은 눈을 즐겁게 하고, 어진 아내는 마음을 즐겁게 한다."

– 나폴레옹 –

    화목한 가정들은 대개 공통점을 가지고 있다. 그것은 잘못된 일에 대해 책임을 회피하려 하기보다는 자신의 잘못으로 돌리려 하는 것이다. 반면 불화하는 가정은 잘못을 상대방에게 전가하는 특징이 있다.

    한 가족이 있었는데, 그 집은 가족 간에 불화가 그치지 않았다. 부부끼리도 자주 싸우고, 부모와 자식 간에, 그리고 자식들끼리도 서로 불화가 심하였다. 그래서 그 집 식구들은 서로가 자신이 불행하다고 믿고 있었다. 반면 바로 옆집에선 집안에서 웃음소리가 그치지 않고 모두들 환한 웃음을 지으며 살고 있었다.

    스스로가 불행하다고 생각하는 집 사람들은 그 집에 가서 어떻게 저렇게 살 수 있는 지를 알아보기로 하고 그 집을 방문했다. 거실에서 얘기를 나누던 중, 그 집 아들이 부엌에서 비싸 보이는 도자기를 잘못 건드려 깨지고 말았다. 방문한 가족들은 서로 생각했다. 아버지는 '저 비싼걸, 이제 한바탕하겠구나!' 그리고 어머니는 '저걸 치우려면 이제 저 애는 혼나겠구나!' 하고 말이다. 하지만 아들의 어머니는 말했다.

"내가 도자기를 넘어지기 쉬운 자리에 올려놨었구나. 미안하다. 놀랐겠구나!"

그러자 아버지는 손사래를 치며 말했다.

"아니요, 내가 그 자리가 좀 위험하다 생각하고 치우려고 했었는데 미처 치우지 못해 내가 미안하오."

이에 아들은 놀라며 말했다.

"아닙니다. 제가 조심성이 없어 그랬습니다."

그러자 방문한 가족의 아버지가 말했다.

"그래도 저 비싼 걸 깼는데 화가 안 나십니까? 화를 왜 냅니까?"

이에 행복한 집 아버지가 말했다.

"화를 낸다고 깨진 도자기가 원상태로 돌아오는 것도 아닌데요. 그리고 화를 내는 순간 저희는 도자기보다 훨씬 값진 걸 깨뜨리는 것입니다. 그건 우리 가족의 행복입니다."

그렇다. 이 세상 어떤 귀한 것도 행복과 바꿀 수는 없는 것이다. 마음먹기 따라서 행복도 불행이 될 수 있고, 불행이 행복이 될 수 있는

화목이 행복이다

것이다. 서로 스스로의 잘못을 인정하자. 가정이 화목하고 행복해지는 비결이다.

가화만사성(家和萬事成)

"부부가 마음을 합하여 집을 갖는 것만큼 훌륭한 일은 없다."

– 호메로스 –

　필자의 가훈은 '가화만사성(家和萬事成)'이다. 즉, 가정이 화목하면 모든 일이 잘 이루어진다는 의미이다. 가정은 사회생활의 출발점이다. 따라서 가정이 가지런하지 못하고 가족이 화목하지 않으면, 사회생활이 편안하지 못하고 만사를 힘차게 이루어 나가기가 어려운 것이다.

　우리나라 옛 전래동화 중에 이런 이야기가 있다. 한 색시가 시집을 간 지 얼마 되지 않았는데, 하루는 밥을 짓다 말고 부엌에서 울고 있었다. 이 광경을 본 남편이 이유를 물으니, 밥을 태웠다는 것이다. 이야기를 듣고 있던 남편은 오늘은 바빠서 물을 조금밖에 길어 오지

화목이 행복이다

못했더니 물이 부족해서 밥이 탔다며, 이것은 자기의 잘못이라 위로하였다. 이 말을 들은 부인은 울음을 그치기는커녕 감격하여 더 눈물을 쏟았다.

부엌 앞을 지나가던 시아버지가 이 광경을 보고 이유를 물었다. 사정을 들은 시아버지는 내가 늙어서 근력이 떨어져서 장작을 잘게 패지 못했기 때문에 화력이 너무 세서 밥이 탔다고 아들과 며느리를 위로했다.

그때 이 작은 소동을 들은 시어머니가 와서 이제 내가 늙어서 밥 냄새도 못 맡아서 밥 내려놓을 때를 알려 주지 못했으니, 자기 잘못이라고 며느리를 감싸 주었다. 옛사람들은 이 이야기를 들려주면서 '가화만사성(家和萬事成)'이라고 말했다.

집안이 화목하면 모든 일이 잘된다는 것인데, 이 이야기를 잘 살펴보면 모두가 남에게 책임을 전가하고 남을 비난하는 것이 아니라 자기 잘못을 스스로 반성하고 또 자기가 잘못을 뒤집어쓰면서까지 남을 위하려고 하는 것을 볼 수 있다. 이러한 가운데서 화목이 찾아오는데, 화목한 가운데 만사가 잘되는 것이다.

서로 이해하고 용서하며 위로하고 격려하며 살아가는 가정은 행복하게 될 것이며, 최고의 행복은 가족이 건강하고 무탈하며 화목한 것이라 하겠다.

화목하게 하는 삶

"벌들은 협동하지 않고는 아무것도 얻지 못한다.

사람도 마찬가지다."

– E. 허버트 –

필자는 설교를 준비할 때나 글을 쓸 때 조용하고 평온하고 안정되고 행복한 삶 속에서 아름다운 영감이 떠오르고 좋은 작품을 쓴다. 상한 감정, 분노의 감정을 가지고 어찌 좋은 글이나 작품이 탄생되겠는가?

유명한 화가가 되기를 원하는 몇 명의 소년들이 레오나르도 다빈치를 방문했다. 그는 아주 조용한 가운데 예수님의 얼굴을 그리는 작업에 열중하고 있었는데, 한 소년이 화판 더미에 걸려 넘어지는 바람에 그만 예민한 그의 작업이 방해를 받아 기분이 상했다. 그는 붓을 집

화목이 행복이다

어덥지고는 어쩔 줄 몰라 하는 소년에게 화를 내며 심하게 꾸짖었고, 소년은 울면서 화실 밖으로 뛰어나갔다.

레오나르도 다빈치는 다시 붓을 들고 예수의 얼굴을 완성시켜 보려고 애썼지만 그림을 그릴 수 없었다. 화를 낸 후부터는 창조성과 영감이 전혀 떠오르지 않았던 것이다. 레오나르도 다빈치는 울고 있는 소년에게 다가가 이렇게 말했다.

"얘야. 미안하구나. 내 말이 너무 지나쳤다. 나를 용서해다오. 나는 너보다 더 잘못했구나! 너는 그저 화판에 걸려 넘어진 것뿐인데, 나는 공연히 화를 내어 나의 생명 안에 흘러드는 하나님의 영감을 막았구나. 나와 함께 다시 화실로 들어가지 않겠니?"

그런 후 그는 자연스럽게 예수의 얼굴을 그릴 수 있었다.

화목한 삶에서 평화와 기쁨 그리고 행복을 느낄 수 있다. 평화를 깨뜨리는 역사는 교만과 우월감 또는 열등감과 자기 비하의 감정에서 나타나는 것이다. 서로 화목하는 것이 행복이다.

화해와 희생의 대가

"평화는 회담 석상에서나 또는 조약으로 달성되는 것이 아니고,

오직 인간의 마음속에서 성취된다."

– 후버 –

성경은 화해에 대해 특별한 강조를 하고 있다. 예수의 제자 마태는 "예물을 제단에 드리려다가 거기서 네 형제에게 원망 들을 만한 일이 생각나거든 먼저 형제와 화목하고 그 후에 와서 예물을 드리라."고 했다. 인간과 불화한 가운데 있으면서 하나님과 화목할 수 없다는 의미이다. 화해는 그냥 이루어지는 것이 아니라 희생의 대가를 치러야 한다.

일본의 동지사 대학의 초대 총장인 니이지마죠(にいじまじょう, 新島 襄)의 이야기이다. 한때 그 대학에 분규가 일어났는데, 교직원과 학

생들이 완전히 두 파로 나누어졌다.

그러던 어느 날, 총장은 교직원들과 전교생을 모았다. 총장은 이번 분규의 총책임자를 엄하게 처벌하겠다고 엄숙하게 말했다. 그리고 총장은 팔을 걷어 올리더니 굵은 벚꽃 나무 막대기로 자신의 팔을 계속 사정없이 세게 내려쳤다. 막대기는 꺾어지고 팔에서는 피가 줄줄 흘렀다.

이 광경을 바라보던 교직원들과 학생들은 모두 총장이 피를 흘리고 있는 앞자리로 나와 엎드렸다. 모두 자기들이 잘못했다면서 눈물을 흘리고 용서를 빌었다. 이로써 적대관계에 있던 사람들이 화해를 했으며, 교직원과 학생들은 온전히 하나가 되었다.

하나님의 자녀는 화평케 하는 자, 즉 평화를 만드는 자이며 이 세상 어디를 가든지 사랑과 기쁨과 평화를 전파하는 사람이며, 마음의 상처 입은 자를 위로하고 낮은 자를 높여 주고 우는 자와 같이 울고 죄인들에게 복음을 전하는 사람이다. 희생의 대가를 치르더라도 화목하자. 화목이 행복의 비결이다.

화평케 하는 자의 복

"왕이든 평민이든 자기 가정에서
화평을 찾는 사람이 가장 행복하다."

– 괴테 –

필자는 성 프랜시스의 기도문을 좋아한다.

"주여, 나를 평화의 도구로 써 주소서. 미움이 있는 곳에 사랑을, 상처가 있는 곳에 용서를, 분열이 있는 곳에 일치를, 의혹이 있는 곳에 믿음을 심게 하소서. 주여, 나를 평화의 도구로 써 주소서. 오류가 있는 곳에 진리를 절망이 있는 곳에 희망을, 어둠이 있는 곳에 광명을, 슬픔이 있는 곳에 기쁨을 심게 하소서. 위로받기보다는 위로하며, 이해받기보다는 이해하며, 사랑받기보다는 사랑하며, 자기를 온전히 죽음으로써, 영생을 얻기 때문이니, 주여, 나를 평화의 도구로 써 주소서."

우리나라 속담에도 "흥정은 붙여야 하고 싸움은 말려야 한다."는 말이 있다. 서로 화목할 때 평안해지고, 서로 평화할 때 행복해진다.

고대 중국에서 있었던 일이다. 두 나라가 서로 싸웠는데, 가만히 보니 더 싸우다가는 두 나라가 다 망하게 생겼다. 이것을 알고 어느 지혜로운 사람이 중간에 나타나 이쪽 나라에 가서 왕을 보고 이렇게 말했다.

"비유해 말하건대 이 나라는 만월 같고 저 나라는 초승달 같습니다. 큰 나라가 되어서 굳이 조그마한 나라를 왜 치려고 하십니까?"

듣자니 왕은 기분이 좋았다.

"그래? 아, 그러면 그만두지, 뭐."

하고는 전쟁을 그만두게 되는데, 이 사람이 이번에는 저쪽 나라에 갔다. 그 나라 사람들이 이 사람을 보더니

"뭐라고? 그 나라는 만월이고 우리는 초승달이라고? 이 사람이 우리를 영 무시하는구먼!"

하고 대들었다. 이에 지혜로운 사람이 이렇게 말했다.

"무슨 소리를 그렇게 하십니까? 만월은 이제부터 기울 것이고 초승달은 이제부터 커질 것이 아닙니까? 그런데 어째서 내가 당신네를 무시한 것입니까?"

그러자 "오, 그렇구먼!" 하며 두 나라 사이의 싸움이 그쳤다고 한다.

이렇게 말 한마디로 화해가 이루어지게 할 수도 있다. 화평케 하기

154

위해서는 대개 많은 희생이 요구된다.

어느 부부가 오랫동안 서로 싸우다가 결국은 이혼을 결정하고 물건을 나누게 되었다. 살림을 다 나누는데, 마지막에 남은 것이 하나 있었다. 그것은 몇 년 전 불행하게 죽은 아들의 유품이었다. 다 없앤 줄 알았는데, 아들의 일기장이 남아 있었다. 부부는 이것을 서로 자기가 가져가겠다고 다투었다. 그러다가 그 일기장을 열어 보았다. 일기장에는 이런 말이 쓰여 있었다.

"아빠, 사랑해요. 엄마, 사랑해요. 아빠 엄마, 싸우지 마세요."

부부는 목이 메어 마주 보다가 무심결에 서로 손을 잡았다. 그리고 누가 먼저랄 것도 없이 "이 아이의 소원을 이루어 줍시다."라며 다시 화해했다고 한다.

피스메이커(peacemaker)가 되자. 나로 인해서 가족이 하나 되고 이웃과 직장 동료가 하나 되고 동서가 화합하고 남북이 화해하고 나 하나의 희생으로 인하여 서로가 하나 되는 역사가 있을 때, 바로 거기에 하나님 나라가 이루어지고 바로 그 사람이 하나님의 아들이라 일컬음을 받게 될 것이다. 나로 인해서 부부가 하나 되고 가족이 화목하고 이웃이 평화하게 만들어 보자. 평화의 도구가 되어 보자.

결투를 벌인 금붕어의 비극

"우리들은 형제로서 함께 살아가는 것을 배워야 한다.
그렇지 않으면 바보로서 다 같이 멸망할 따름이다."

– 마틴 루터 킹 2세 –

싸움은 망하는 지름길이다. 서로 물고 뜯으면 피차 망하고 서로 큰
피해를 입게 된다. 서로 싸우면 누가 이기는 것이 아니라, 서로 큰
상처를 입고 서로 지는 것이다. 그래서 '상처뿐인 승리'라고 하지 않
는가? 이겨도 지는 것이다.

요즘 한국 교회의 분열과 분쟁으로 세상 법정으로 가는 것을 흔히
볼 수 있다. 피차 망하고 죽는 일을 서슴없이 저지르고 있는 것이다.
이 말씀을 깊이 명심해야 할 것이다.

작은 어항 속에 금붕어 두 마리가 살고 있었다. 그 둘은 서로를 미

워하면서 툭하면 싸웠다. 그러던 어느 날 그들은 대판 싸웠고, 결국 그중에서 많이 다친 금붕어는 상처를 이기지 못해 죽고 말았다. 살아남은 한 마리는 이제 혼자서 편안히 살 수 있을 것이라며 쾌재를 불렀다.

그러나 며칠 뒤, 그 금붕어도 죽고 말았다. 죽은 물고기가 악취를 내면서 몸이 썩기 시작했기 때문이다.

이 우화가 우리에게 일깨워 주는 교훈은 무엇인가? 사람은 홀로 살 수 없다는 것이다. 사람은 사회적 동물이기에 서로 도와 가면서 살아야 한다. 한자 '사람 인(人)'을 생각해 보라. 서로가 서로를 받치고 있는 형상이 아닌가?

사회생활도 마찬가지이다. 서로 믿고 서로를 위로하며 격려하고 세워 주는 공동체가 되어야 한다. 장작이 떨어져 있으면 화력을 낼 수 없지만 함께 포개지면 큰 화력을 낼 수 있는 것처럼 서로 격려하고 따뜻한 마음으로 배려해 줄 때 서로의 행복을 확인할 수 있다.

화목과 다툼

"마른 떡 한 조각만 있고도 화목하는 것이

제육이 집에 가득하고도 다투는 것보다 나으니라."

– 솔로몬의 잠언 –

인류의 역사는 다툼의 역사라고 말해도 지나친 말은 아닐 것이다. 다툼은 어디서 비롯되는 것일까? 인간의 욕심이 다툼의 근원이다. 그러므로 욕심을 버리면 다툼에서도 자유로워질 것이다.

인류 역사의 모든 전쟁사를 연구해 보면, 예외 없이 정치 지도자 개인의 욕심 혹은 민족적 집단 이기주의가 인간의 삶의 마당을 미움과 싸움의 마당으로 만들어 온 원인이었다. 그러므로 평화의 해답은 정치적인 것이 아니라 신학적인 것이다. 참된 평화의 모색은 정치적 협상의 장이 아닌 인생의 마음에서 시작되는 것이다.

가정의 행복을 좌우하는 열쇠도 화목이다. 가족들이 화목하는 곳에서 우리는 작은 천국을 경험하게 되며, 종종 이런 가정의 행복은 재산과는 무관하다. 반면 재산이 많은 재벌가의 비극은 가진 것이 많음에서 비롯됨을 볼 수 있다. 뉴스를 타는 재산 분배를 둘러싼 재벌가의 다툼에서 인생의 행복은 소유에 있지 않음을 확인한다. 가정의 행복을 위한 첫걸음은 소유가 아닌 존재의 가치를 공유하는 일이다. 사랑은 인생을 의미 있게 하는 가장 소중한 가정의 가치이다. 비록 마른 떡 한 조각을 나누어도 진솔한 사랑을 함께 나누는 가정이라면 제육을 쌓아 두고 다투는 이웃을 부러워할 이유가 없다. 화목이 천국의 그림이라면, 다툼은 지옥의 그림이다.

어떤 두 사람이 버스 안에서 심하게 다투고 있었다. 좁은 공간에서 다른 승객들을 아랑곳하지 않고 소리를 높이고 있었던 것이다. 함께 타고 있던 다른 승객들이 얼마나 불편이 컸겠는가? 어느 중년의 승객이 참다못해 다음 정거장에 버스가 도착하자, 버스에서 내렸다. 버스에서 내리던 승객은 버스 문 앞에서 뒤를 돌아보더니 다투던 사람들에게 소리를 쳤다.

"여기가 교회인 줄 알아? 싸우고 난리야?"

교회가 세상 사람들에게 다툼의 장소로 인식된 것은 참으로 슬픈 일이다. 세상에서의 큰 다툼은 작게 인식되지만, 교회에서의 작은 다툼은 세상에서 큰 다툼으로 인식된다. 교회는 작은 다툼이라도 일어나지 않게 해야 할 책임이 있다. 이는 성경이 권하는 명령이기도

하다.

"너희끼리 화목하라."

교회는 다툼이 있는 곳에 화평이 되어야 한다.

part 6.

가족이 행복이다

6

가족이란
무엇인가?

(1) 나의 집이란 장소가 아니라 가족 식구들이다.

(2) 가족이 서로 맺어져 하나가 되어 있다는 것이 정말 이 세상에서의 유일한 행복이다.

(3) 행복한 가정은 모두 비슷하고, 불행한 가정은 각각의 이유로 불행하다.

(4) 어머니란 스승이자 나를 키워 준 사람이며 사회라는 거센 파도로 나가기에 앞서 그 모든 풍파를 막아 주는 방패막이 같은 존재이다.

(5) 가정은 행복을 저축하는 곳이지, 행복을 캐내는 곳이 아니다. 얻기 위해 이루어진 가정은 반드시 무너지고, 주기 위해 이루어진 가정은 행복하게 된다.

(6) 좋은 집이란 구입하는 것이 아니라 만들어지는 것이다.

⑺ 사랑은 가장 가까운 사람인 가족을 돌보는 것에서부터 시작한다.

⑻ 이 세상에서 우리가 태어나 경험하는 가장 멋진 일은 가족의 사랑을 배우는 것이다.

⑼ 가족이란 당신이 누구의 핏줄이냐가 아니라 당신이 누구를 사랑하느냐입니다.

⑽ 가정은 나의 대지이다. 나는 거기서 나의 정신적인 영양을 섭취하고 있다.

⑾ 키스해 주는 어머니도 있고 꾸중하는 어머니도 있지만 사랑하기는 마찬가지이다.

⑿ 어머니는 의지할 대상이 아니라 의지할 필요가 없는 사람으로 만들어 주는 분이다.

⒀ 우리가 부모가 되었을 때 비로소 부모가 베푸는 사랑의 고마움이 어떤 것인지 절실히 깨달을 수 있다.

⒁ 가정은 보물 상자가 되어야 한다.

⒂ 물론 많이 싸우겠지 하지만 누군가 항상 곁에 있잖아 가족이라 부를 수 있는 존재가 곁에 있잖아.

⒃ 가정은 사람이 있는 그대로의 자기를 표현할 수 있는 장소이다.

⒄ 가족에게 자상하지 않으면 헤어진 뒤에 후회한다.

⒅ 눈물로 걷는 인생의 길목에서 가장 오래, 가장 멀리까지 배웅해 주는 사람은 바로 우리의 가족이다.

⒆ 한 아버지는 열 아들을 기를 수 있으나 열 아들은 한 아버지를 봉양키 어렵다.

⑳ 아내인 동시에 친구일 수도 있는 여자가 참된 아내이다. 친구가 될 수 없는 여자는 아내로도 마땅하지가 않다.

한 몸이란 무슨 뜻일까?

"한 가족이 화목하여 한마음 한뜻이 되면
문 앞의 돌도 황금으로 변한다."

– 인도 속담 –

가족이란 아픔도 슬픔도 기쁨과 행복도 함께 나누는 것이다. 부부를 한 몸이라고 할 때, 이는 창조의 원리에 기인하기도 하지만 희로애락과 모든 것을 함께한다는 의미이다.

'가족(Family)'의 어원을 아는가? "아버지, 어머니, 나는 당신들을 사랑합니다(father and mother, I love you)."의 첫 글자들을 합성한 것이다. 가족, 생각만 해도 눈물이 핑 도는 따스한 단어이다.

탈무드에 보면 이런 이야기가 있다. 몸뚱이는 하나인데 머리가 둘 달린 아이가 태어났다. 이 아이가 둘인가? 하나인가를 규명해야 했던 부모는 이 아이를 랍비에게 데리고 갔다. 그랬더니 랍비가 막대기로 한쪽 머리를 세게 때렸다. 그랬더니 맞은쪽의 머리가 "아야!" 하고 얼굴을 찡그렸는데, 다른 쪽 머리는 히죽 웃었다. 이때 랍비는 "이 아이는 하나가 아니고 둘입니다."라고 말했다.

이처럼 둘이 하나가 된다는 것은 기쁨을 함께 나누는 것이며, 아플 때 함께 아파하고 괴로울 때 함께 괴로워하는 것이다. 부부는 이 모든 것을 함께하는 것이다.

행복한 가정이란 호화로운 넓은 평수의 저택과 값비싼 가구가 아니라, 가족들을 위해 음식을 준비하는 어머니의 미소와 웃으면서 퇴근하고 들어오는 아버지의 다정한 모습이며 아이들의 웃음소리이다. 하늘같이 넓은 아버지의 사랑과 바다처럼 다 품는 엄마의 사랑이 있는 곳, 사랑과 용서가 있고 항상 웃음이 있는 동산이 행복한 가정이다.

따라서 비싼 가구로 좋은 집을 꾸미려 하지 말고, 행복한 가정을 꾸미려고 해야 한다. 호화로운 대저택에 살면서도 다툼이 있는 것보다 오막살이에 살면서도 웃음이 있는 것이 훨씬 가치 있고 행복한 삶이다.

가정이야말로 축복의 근원이 될 수도 있고 타락과 불의의 온상이 될 수도 있다. 가정은 어린이들의 첫 교육의 장소이며, 거기서 자녀들은 무엇이 바르고 무엇이 사랑인지를 배운다. 상처와 아픔은 가정에서 싸매지고 슬픔은 나눠지고 기쁨은 배가 된다. 그렇게 좋은 곳이 가정이며 온전한 가족이 곧 행복이다.

가정은 소중한 보물

"가족이 서로 맺어져 하나가 되어 있다는 것이
정말 이 세상에서의 유일한 행복이다."

– 퀴리 부인 –

우리 가족은 웃음천사인 필자와 웃음천사의 보배인 아내와 든든한 살림 밑천인 큰딸과 애교 만점 귀염둥이 작은딸이다. 네 식구 모두가 경제활동을 하는 직장인이기에 우리는 가족 공동생활 통장이 있다. 매월 월급의 일정 금액을 가족 통장에 각자 입금하여 생활비 및 문화, 외식비, 여행 공동경비로 사용한다. 이것이 가족의 여유와 행복의 또 다른 비결이기도 하며, 가정천국을 누리는 또 하나의 원동력이기도 하다.

이탈리아의 시인 로버트 브라우닝은 "행복한 가정은 미리 누리는 천국이다."라는 명언을 남겼다. 그만큼 행복한 가정은 모두가 꿈꾸는 작은 세상이며 행복한 세상을 이룰 수 있는 근간이다. 행복한 가정의 구성원이 행복한 세상을 만들고 행복한 가정이 모여 곧 행복한 사회, 행복한 나라를 이루게 되는 것이다. 가정의 평화, 가정의 화목, 가정의 행복은 누구나 다 갈망하고 있다.

그러면 가정이란 무엇인가? 행복한 가정은 어떤 곳인가? 여러 가지 정의를 내릴 수 있겠지만, 세상의 근심은 밖에 두고 문을 잠그고 평화와 위로만 안에 담아 놓은 곳, 모든 실수와 허물은 가려지고 사랑과 만족이 꽃피는 곳 아버지에게는 천국이요, 어머니에게는 온 세상, 자녀들에게는 낙원이 되는 곳이 바로 행복한 가정이다. 가족이 최고로 대접받을 수 있고 가족을 알아주고 용서하는 곳, 그런 곳이 작은 천국 행복한 가정이다.

존 하워드 페인은 1852년, 알제리에서 사망했다. 31년 만에 그의 시신이 군함으로 뉴욕에 돌아오게 되던 날 항구에는 미국 대통령, 국무위원, 상원위원들과 수많은 국민들이 나와 모자를 벗고 조의를 표했다고 한다. 과연 그는 어떤 업적으로 추앙받았던 것일까? 그것은 〈즐거운 나의 집〉이라는 노래를 작사했기 때문이었다.

"즐거운 곳에서는 날 오라 하여도
내 쉴 곳은 작은 집 내 집뿐이리.
내 나라 내 기쁨 길이 쉴 곳도
꽃 피고 새 우는 집 내 집뿐이리."

이 노래는 전 세계적으로 가정이 얼마나 소중한 곳인가를 일깨워
주었다. 가정은 행복의 창고이며 우리가 애써 가꾸고 소중하게 지켜
야 할 보물이다.

가족은 최고의 치료약

"그리스도인의 가정은 안전한 휴식처요,
기본을 습득하는 학교이며 하나님이 공경받는 교회이며
정과 기쁨이 오가는 처소다."

– 빌리 그레이엄 –

필자의 가족은 네 식구인데 다 직장인이기에 함께 시간을 내기가 무척 어렵다. 하지만 쉬는 날이면 함께 여행도 하고 외식도 하며 함께 쇼핑하고 마트도 간다. 직장에서 받는 스트레스와 상처들을 가정에서 사랑과 화목과 교제로 치유하고 풀기 위해서이다.

우리 가정은 필자와 아내 그리고 두 딸들과 함께 오순도순 단란하게 살고 있는 작은 천국이다. 나는 가족이 있어 너무나 행복하다. 필자는 가정의 호주로서 왕이며 사랑하는 아내는 가정의 왕비이고 자녀들은 공주들이다. 우리 가정은 하나님을 만왕의 왕으로 모신 궁전이며, 그 무엇도 부럽지 않은 행복한 천국을 누리며 살고 있다.

어느 가족의 일화이다. 아버지는 종종 가슴이 답답하고 현기증을 느끼시곤 하였다. 어느 날 증세가 심해져 병원에 입원하게 되었는데 병원에서도 정확한 원인을 발견하지 못했고, 결국 아버지는 몇 가지의 약봉지를 받아들고 집으로 돌아와 안정을 취해야 했다.

그러던 중 명절이 되어 온 식구들이 한 집에 모이게 되었고, 오랜만에 이런저런 사는 이야기로 화기애애한 분위기가 밤늦게까지 계속되었다. 한참을 웃고 즐기는 가운데 아버지는 말씀하셨다.

"오랜만에 한참을 웃었더니 병이 다 나은 듯하구나."

그렇다. 가족의 사랑보다 더 좋은 보약은 없다. 가족의 사랑은 보약 중에 보약이며, 항상 비치하고 먹어야 할 상비약이다.

가정은 '작은 천국', '미리 맛보는 천국'이라고 하지 않았는가? 용서와 사랑으로 천국의 가정을 가꾸어야 한다. 기쁨이 넘치고 사랑이 넘쳐나는 행복한 가정이야말로 진정한 작은 천국이다. 서로 돕고 위로하며 아픔을 어루만져 주는 가장 확실한 병원이요, 약국이다. 서로의 피로를 풀어 주며 세상에서 받은 상처를 싸매어 주고 사랑의 연고를 발라 주는 사랑의 찜질방이요, 인생의 안식처이다.

가족이 행복이다

행복한 가정

"영혼 없는 신체가 사람일 수 없듯
사랑 없는 가정은 가정일 수 없다."

- 에이브 -

이 세상에 완전한 가정은 없으며, 완전한 가정을 만들려고 애쓸 필요도 없다. 대신 행복한 가정을 이루려는 노력이 더 필요하다. 비록 가진 것은 많지 않아도 사랑이 있고 꿈이 있고 내일의 희망이 있으면, 그곳이 행복한 가정이고 행복한 가정이 인간의 소중한 안식처이며 작은 천국이다.

가정은 사랑의 발전소요 신비한 공동체이며, 하나님의 걸작품이다. 하나님께서 최초로 만든 제도가 가정이며, 가정이야말로 인간 생존의 보금자리요 행복의 안식처이며 행복의 창고요 사랑의 옹달샘이다.

경제개발도상국 OECD 가입 34개국 중에 한국은 이혼율 1위라는 오명을 쓰고 있다. 필자는 많은 사람들이 행복한 가정을 갖지 못하고 있음을 보면서 참으로 안타까움을 느낀다. 그래서 필자는 「웃음천사와 함께 행복 만들기」 강의도 하지만, 『행복이란 무엇인가?』, 『이것이 행복이다』라는 책을 출간하여 읽는 모든 가정, 모든 분들이 행복해지기를 바라는 것이다.

흔히 사람들이 말하듯 부부는 가깝고도 먼 사이이다. 마주 보고 누웠을 때는 세상에서 가장 가까운 사이이지만, 서로 등을 돌리고 누워 있으면 부부 사이는 10만 리나 되고 지구를 한 바퀴(40,350㎞) 돌아야 만날 수 있다. 가족이 화목하면 만사가 이루어 형통하고 행복해진다.

인도 속담에 "한 가족이 화목하여 한마음 한뜻이 되면 문 앞의 돌도 황금으로 변한다."라고 했다. 부부의 행복이 가정의 행복이며, 가정이 행복할 때 사회와 국가가 행복해진다.

두 아들의 졸업식

"한 아버지는 열 아들을 기를 수 있으나
열 아들은 한 아버지를 봉양키 어렵다."

– 독일 격언 –

　어머니는 봄이면 산나물을 뜯어 팔고, 여름에는 각종 채소를 길러 팔고, 가을에는 메뚜기를 잡아 볶아서 팔고, 겨울에는 봉투를 붙여 팔아서 등록금을 해 주셨고 책을 사 주셨다. 그런 어머니의 희생을 나는 한시도 잊을 수가 없다.

　두 아들과 함께 살아가던 한 어머니가 어느 날 밖에 나간 사이 집에 불이 났다. 밖에서 돌아온 어머니는 순간적으로 집안에서 자고 있는 아이들을 생각하고 망설임도 없이 불속으로 뛰어들어 두 아들을 이불에 싸서 나왔다.

이불에 싸인 아이들은 무사했지만, 어머니는 온몸에 화상을 입고 다리를 다쳐 불구가 되었다. 그때부터 어머니는 거지가 되어 구걸을 하면서 두 아들을 키웠다. 어머니의 이런 희생 덕분에 큰아들은 동경 대학에, 작은아들은 와세다 대학에 각각 수석으로 입학했다.

시간이 흘러 졸업식 날, 졸업하는 아들이 보고 싶었던 어머니는 먼저 큰아들이 있는 동경대학을 찾아갔다. 수석졸업을 하게 된 아들은 졸업과 동시에 큰 회사에 들어가기로 이미 약속이 되어 있었다. 아들의 눈에 수위실에서 아들을 찾는 어머니의 모습이 눈에 들어왔다. 수 많은 귀빈들이 오는 자리에 거지 어머니가 오는 것이 부끄러웠던 아들은 수위실에 그런 사람이 없다고 하라고 전했고, 어머니는 슬픈 얼굴로 돌아섰다.

큰아들에게 버림받은 서러움에 자살을 결심한 어머니는 죽기 전에 작은아들 얼굴이 보고 싶어 작은아들이 졸업하는 와세다 대학을 찾아갔다. 하지만 차마 들어가지 못하고 교문 밖에서 발길을 돌렸다. 그때 마침 이러한 모습을 발견한 작은아들이 절뚝거리며 황급히 자리를 떠나는 어머니를 큰 소리로 부르며 달려 나와 어머니를 업고 학교 안으로 들어갔다. 어머니가 "사람을 잘못 보았소."라고 말했지만, 아들은 어머니를 졸업식장의 귀빈석 한가운데에 앉혔다.

값비싼 액세서리로 몸을 치장한 귀부인들이 수군거리자, 어머니는 몸 둘 바를 몰라 했다. 역시 수석으로 졸업하는 아들이 답사를 하면서 귀빈석에 초라한 몰골로 앉아 있는 어머니를 가리키며 자신을 불 속에서 구해 내고 구걸을 해서 공부를 시킨 어머니의 희생을 설명했고, 그제야 혐오감에 사로잡혀 있던 사람들의 눈에 감동의 눈물이 고였다.

이 소식은 곧 신문과 방송을 통해 전국에 알려지게 되어 작은아들은 큰 회사 오너의 사위가 되었으나, 어머니를 부끄러워한 큰아들은 입사가 취소되고 말았다.

자기의 몸이 상하는 것을 아랑곳하지 않고 아들을 불속에서 건져 내고 구걸을 하면서까지 아들을 공부시킨 자식을 위해서는 희생도 마다하지 않는 이가 바로 우리의 어머니들이다.

"어머니, 사랑합니다."

그 위대하신 이름 '어머니'! 불러 보고 싶다.

176

아름다운 가정

"임금이든 백성이든 자기 가정에서 평화를 찾는

자가 가장 행복한 인간이다."

− 괴테 −

　가정을 이루는 것은 부엌과 꽃이 있는 식탁이 아니라 정성과 사랑으로 터질 듯한 아내의 모습이다. 가정을 이루는 것은 자고 깨고 나가고 들어오는 것이 아니라, 애정의 속삭임과 이해의 만남이다. 행복한 가정은 사랑이 충만한 곳이며 바다와 같이 넓은 남편의 사랑과 땅처럼 다 품어 내는 아내의 사랑이 있는 곳이다. 거기에는 비난보다는 용서가 있고, 주장보다는 이해와 관용이 우선되며, 항상 웃음이 있다.

　가정이란 아기의 울음소리와 어머니의 노래가 들리는 곳, 따뜻한 심장과 행복한 눈동자가 마주치는 곳, 서로의 성실함과 우정과 도움

가족이 행복이다

이 만나는 곳, 어린이들의 첫 교육의 장소로, 거기서 자녀들은 무엇이 바르고 무엇이 사랑인지를 배운다.

미국의 자동차 왕 헨리 포드는 대기업을 일으킨 뒤 고향에 조그마한 집을 한 채 지었다. 그 집은 대기업 총수가 살기에는 매우 작고 평범한 집이었다.

"이건 너무 초라하지 않나요? 호화롭지는 않더라도 생활에 불편하지는 않아야지요."

주위 사람들은 걱정스럽게 포드에게 물었다. 그러자 그가 얼굴 가득 미소를 띠며 대답했다.

"가정은 건물이 아닙니다. 비록 작고 초라하더라도 예수님의 사랑이 넘친다면 그곳이야말로 가장 위대한 집이지요."

지금도 디트로이트에 있는 헨리 포드의 기념관에 가면 이런 글귀를 볼 수 있다.

"헨리는 꿈을 꾸는 사람이었고 그의 아내는 기도하는 사람이었다."

헨리 포드가 이룬 성공의 이면에는 꿈꾸는 사람과 기도하는 사람이 함께 이룬 아름다운 가정이 있었다.

초막이나 궁궐이나 서로 사랑하고 아껴 주는 가정이 행복하고 아름다운 가정이다. 마른 떡 한 조각만 있고도 화목하는 것이 육선이 집에 가득하고 다투는 것보다 낫다. 이런 아름다운 가정, 화목한 가정이 가정 천국이요 행복 그 자체이다.

세상에서 가장 아름다운 그림

"그리스도는 우리 가정의 주인이시오.
매 식사 때마다 보이지 않는 손님이시오,
모든 대화를 말없이 듣는 친구이시다."

– 웃음천사 권영세 –

필자의 집 거실 입구에는 네 식구가 찍은 가족사진 액자가 걸려 있는데, 오래된 사진이지만 이 세상에서 가장 아름다운 그림이요 사진이다. 큰딸은 초등학교 6학년, 작은딸은 초등학교 4학년 때 찍은 사진이다. 들어가며 나가며 가족사진을 보고 행복한 가정을 만들기 위해 참고 인내하며 언제나 미소 짓고, 가족을 위해 사랑과 희생을 아끼지 않는다.

세상에서 제일 아름다운 그림을 그리고 싶어 하는 화가가 있었다.

그는 아름다운 것을 찾으려고 아침 일찍 집을 나섰다. 맨 처음으로 만난 이는 목사였는데, 그에게 물었다.

"세상에서 제일 아름다운 것이 무엇입니까?"

이에 목사는 서슴없이 대답했다.

"신앙이 제일입니다. 하나님을 예배하고 있는 어느 예배당으로 가십시오. 그리하여 믿음을 통하여 용서함과 희망을 발견한 그들의 얼굴을 보십시오. 그러면 세상에 제일 아름다운 것이 신앙인 것을 발견할 것입니다."

(라고 대답하였다.)그 화가는 다음 주일날 몇 교회를 찾아가 그들의 얼굴에서 신실함과 신앙의 아름다움을 발견했다. 그러나 그는 만족할 수 없었다.

하루는 훌륭한 집 문 앞에 서 있는 신혼부부를 보았다. 화가의 물음에 신부는 얼굴을 붉히며 대답했다.

"그거야 사랑이 제일 아름다운 것이지요?"

화가는 즉시 캔버스를 내려놓고 그의 아름다운 얼굴과 그 얼굴에 빛나는 사랑을 그렸다. 그러나 그는 아직도 마음이 만족하지 않았다.

그는 전쟁에서 돌아오는 피곤한 군인을 만났다. 군인은 화가의 물음에 지체하지 않고 대답했다.

"평화가 세상에서 제일 아름다운 것입니다. 전쟁은 고약한 것입니다."

그 화가는 일찍이 맹렬한 싸움이 있었던 전장이 황금같이 익은 곡식으로 덮이고 농부들이 노래를 부르며 추수하는 장면을 기억했다.

그가 이러한 아름다운 장면을 그렸을 때, 분명히 아름다운 것을 발견했다. 그러나 그는 아직도 그가 추구하는 미를 그곳에서 찾지 못했다.

마침내 실망한 화가는 집으로 돌아오는 길에 그의 어린 자식들을 만났다. 아이들은 그를 보고 달려와 두 팔로 그의 목을 끌어안고 돌아오는 아버지를 반겨 주었다. 그가 문을 열고 방에 들어설 때, 그의 아내는 따뜻한 웃음으로 그를 맞이해 주었다. 잠시 후에 그들은 식탁을 가운데 두고 둘러앉아 밖에서 무사히 돌아온 아버지를 위하여 하나님께 감사의 기도를 올렸다.

그의 아내와 자녀들의 얼굴에서 빛나는 사랑과 신앙과 평화를 볼때, 그는 확실히 지금까지 그가 찾고 있던 것을 발견했다고 믿었다. 그는 이 세상에서 가장 아름다운 그림을 그리고 그것을 '가정'이라고 불렀다.

세상에서 가장 아름답고 행복한 가정을 노래하는 찬송가 가사에는 다음과 같은 내용이 담겨 있다.

> "사철에 봄바람 불어 잇고 하나님 아버지 모셨으니
> 믿음의 반석도 든든하다 우리 집 즐거운 동산이라.
> 어버이 우리를 고이시고 동기들 사랑에 뭉쳐 있고
> 기쁨과 설움도 같이하니 한간의 초가도 천국이라.
> 아침과 저녁에 수고하여 다 같이 일하는 온 식구가
> 한상에 둘러서 먹고 마셔 여기가 우리의 낙원이라.

고마워라 임마누엘 예수만 섬기는 우리 집
고마워라 임마누엘 복되고 즐거운 하루하루"

이 곡은 행복한 가정 천국을 노래하는 찬송으로, 필자의 행복한 가정을 노래한 것과 같아서 늘 가정 예배 시간에 즐겨 부르는 곡이다. 행복한 가정이 이 땅에서 누리는 천국이고 낙원 파라다이스이다.

아내의 가치

"가정은 부인이 광채를 내야 할 곳이다."

– 에디슨 –

아내는 필자가 목회를 하다가 건강에 무리가 와서 질병으로 사경을 헤맬 때에도 두려워하지 않고 담대하게 남편을 살려 내기 위해 최선을 다해 간호해 준 이 세상에 둘도 없는가족의 태양이다. 절망과 좌절의 순간에도 두 팔 걷어붙이고 신문 배달, 우유 배달, 파출부, 직장 생활을 하며 남편과 가족을 지켜 낸 가정의 보배이다.

우리는 부부를 한 몸이라고 생각한다. 아내의 가치가 얼마나 중요한지, 아내가 없으면 혼자는 반쪽일 뿐이며 반쪽으로서는 행복하게 살 수가 없다. 에디슨은 "가정은 부인이 광채를 내야 할 곳이다."라고 하지 않았던가?

하나님은 여자를 남자의 돕는 배필로 창조하셨다. '돕는 배필'이라는 말의 의미는 남자 혼자 감당할 수 없는 위기의 상황에서 여자는 남자를 도와 그 위기를 극복하게 하는 강력한 지원군이라는 의미이다.

'아내'라는 말은 '안 해'에서 나왔다고 한다. 그러면 '안 해'라는 말의 의미는 무엇인가? 그 의미는 '안 쪽에 있는 해'라는 뜻이다. 그러므로 안 해는 집안의 밝은 해이고 남편의 마음속을 환하게 비추는 해이며 가족을 편안하게 하는 해이다. 더 나아가서는 사회를 환하게 하는 감춰진 태양이기도 하다.

특히 남편에게 아내는 한자어로 '我內'가 된다. 이 말은 '내 안의 또 다른 나(자아)'라는 말이다. 따라서 안 해(inner sun)로서 여자가 그 기능을 상실하거나 존재의 가치를 잃게 된다면 남편은 당연히 죽게 된다. 그뿐만 아니라 가정도 죽고 아이들도 죽게 되며 더 나아가서는 사회가 죽게 된다. 마치 해가 없어지면 세상이 멸망하는 것과 같다.

고로 여자가 집 안에서 하는 일을 '살림'이라고 한다. 살림이란 말 그대로 '살리는 것'이란 의미이다. 그러므로 남편을 살리고 가정을 살리고 자녀들을 살리는 것이 아내의 직무이다. 이것이 바로 안 쪽에 있는 해, 아내의 역할이다. 그렇다고 한다면 아내의 가치는 얼마나 놀랍고 위대한가?

사랑하는 아내는 보배요, 필자를 살린 태양이며, 영원히 함께 유업을 받을 나의 동반자요, 내 뼈 중에 뼈요 살 중에 살이며, 상처받기 쉬운 연약한 그릇이기도 하다. 아껴 주고 깨어지지 않도록 소중히 여겨야 한다. 지혜로운 아내를 둔 남편은 행복하며, 서로 사랑하고 마음을 같이하는 부부는 그 자체가 행복이다.

보배 남편

"가정은 아버지의 왕국, 어머니의 영토요, 아이들의 보금자리다.
가정은 안심하고 모든 것을 맡길 수 있으며
서로 의지하고 사랑하며 사랑받는 곳이다."

– H. 웰즈 –

　필자의 총신대학교신학대학원 동기이며 친구이고 신앙의 멘토인 고윤재 목사 부부가 있다. 천국복음을 깨닫고 온전히 주님 마음 되어 새 언약의 일군으로 성전 되고 천국 되어 사는 분이다.

　어느 날부터 모임에 오면 사모님은 남편 목사님을 '우리 보배 신랑', '우리 보배 남편'이라고 불렀다. 남편을 머리로 섬기고 순종하고 복종하는 성경의 질서를 따르는 것이다. 고윤재 목사는 사모에게 '우리 보배 각시'라고 부른다. 두 분이 서로 사랑하며 존경하고 천국을 누리는 삶을 보면 부럽기도 하고 '주님이 얼마나 기뻐하실까?'라는 생각이 든다.

어느 날 한 부부가 크게 다퉜다. 남편이 참다못해 소리쳤다.

"당신 것 모두 챙겨 가지고 나가!"

그 말을 듣고 아내는 큰 가방을 쫙 열어 놓고 말했다.

"다 필요 없어요. 이 가방에 하나만 넣고 갈래요."

"맘대로 해!"

"정말 내 맘대로 해도 되는 거지요? 그럼 당신, 어서 이 가방 속에 들어가세요."

남편이 그 말을 듣고 어이가 없었지만, 한편으로는 자기만 의지하고 사는 아내에게 너무했다 싶어서 화냈던 것을 사과하고 화해했다고 한다.

아내가 가장 원하는 것은 남편 자체이다. 남자에겐 여자가 에피소드가 될지 몰라도, 여자에게 있어서는 남자는 히스토리가 된다. 아내가 남편으로부터 가장 받기 원하는 선물은 든든함과 사랑이다. 남편은 가정의 든든한 기둥이 되고 흔들리지 않는 바람막이가 되어 아내에게 다른 큰 도움은 주지 못해도 최소한 든든한 맛 하나는 주어야 하고 사랑해야 한다.

남편을 보배처럼 소중하게 여기는가? 남편은 아내의 머리이다. 남편에게 복종하기를, 교회가 그리스도께 복종하듯 하라고 했다. 남편은 아내의 보배이다.

그뿐만 아니라 남편은 아내 사랑하기를 자기 생명처럼 사랑해야 한다. 아내를 이 세상에 가장 소중한 보배로 여기며 자신의 생명처럼 사랑하는가? 당신의 생애에 가장 소중한 사람은 누구인가? 바로 남편과 아내이다. 남편과 아내가 서로 만족 해야 행복하다.

아버지를 팝니다

"가정은 지상의 낙원이다.
이것이 없으면 그는 이미 지옥에 있는 자다."

– 우찌무라 간조 –

필자는 16살 때 아버지가 지병으로 돌아가셨고, 지금은 어머니도
돌아가시고 안 계신다. 명절이 되면 찾아뵙고 인사드릴 부모님이 계
시지 않으니 '어머니', '아버지'라고 부를 수도 없고, 명절만 되면 허
전하고 부모님이 그리워진다.

어느 날 신문에 아버지를 판다는 내용의 광고가 실렸다. 그 광고에
는 아버지는 지금 노령이고 몸이 편치 않아서 일금 일십만 원이면 아
버지를 팔겠다고 적혀 있었다. 많은 사람들은 이 광고를 바라보고 혀
를 끌끌 차며 "세상이 말세다."라고 말했고, 저마다 "다 늙은 할아버

지를 누가 사겠냐?"고 쑥덕거렸다.

이 광고를 보고 부모 없는 설움을 지녔던 한 부부가 새벽같이 그곳으로 달려갔다. 대문 앞에서 몸매를 가다듬은 부부는 심호흡을 하고 초인종을 눌렀다. 넓은 정원에서 꽃밭에 물을 주고 있던 할아버지가 대문을 열고서는 어떻게 왔느냐고 물었다. 부부는 할아버지를 바라보면서 신문광고를 보고 달려왔다고 말씀을 드리자, 할아버지가 웃음을 지으며 집안으로 안내하였다. 그곳은 아주 부잣집이었다.

"아버지를 파시겠다는 광고를 보고 왔습니다."

젊은 부부는 또박또박 뚜렷하게 이야기했다. 할아버지는 빙긋 웃음을 지으시더니 말을 이었다.

"내가 잘 아는 할아버지인데, 그 할아버지 몸이 좋지 않아요. 그런 할아버지를 왜 사려고……."

젊은 부부는 모두가 어릴 때 부모를 여의고 고아처럼 살다 결혼했기 때문에 부모 없는 설움이 늘 가슴에 남아 있었다는 것이다. 아울러 아프거나 집안이 어렵지 않은 가정이라면 누가 아버지를 팔겠다고 광고를 내겠느냐는 말을 덧붙였다. 비록 넉넉하게 살아가고 있지는 않지만, 작은 가운데서도 아기자기하게 살아가고 있는 우리 부부에게도 아버지를 모실 수 있는 기회가 왔다 싶어서 달려왔다고 하였다.

이들 부부를 물끄러미 바라보던 할아버지가 고개를 끄덕이며 돈을 달라고 하였다. 젊은 부부는 정성스럽게 가지런히 담은 흰 봉투 하나를 할아버지에게 내어놓았다. 할아버지는 돈 봉투를 받아들고 나서 그 할아버지도 정리할 것이 있어서 그러니 일주일 후에 다시 오라고 하였다.

그로부터 일주일 후, 젊은 부부는 다시금 그 집을 찾았다. 기다리고 있던 할아버지가 반갑게 맞이하면서,

"어서 오너라. 나의 아들과 며느리야! 사실 내가 너희에게 팔렸으니 응당 내가 너희들을 따라가야 하겠지만 너희가 이 집으로 식구를 데려오너라."

고 하셨다. 깜짝 놀란 부부는, 양자를 얼마든지 데려올 수 있지만 요즈음 젊은이들이 돈만 알기 때문에 그럴 수 없었다는 할아버지의 이야기를 듣고서 이해가 되었다. 이에 젊은 부부는

"저희에게 아버지로 팔렸으면 저희를 따라가셔야지요. 비록 저희들은 넉넉하게 살지는 않지만, 그곳에는 사랑이 있답니다."

라고 고집했다. 할아버지는 진정 흐뭇한 마음으로

"너희는 참으로 착한 사람들이다. 너희가 부모를 섬기러 왔으니, 진정 내 아들이다. 그러하니 내가 가진 모든 것은 곧 너희 것이며, 너희는 나로 인해 남부럽지 않게 살게 될 것이다. 이것은 너희가 가진 아름다운 마음 때문에 복을 불러들인 것이다."

라고 기뻐하시며 자식들의 절을 받았다.

부모님이 살아 계실 때는 잘 몰랐는데, 돌아가시고 나니 부모님이 살아 계시다는 것은 참 크나큰 행복인 것 같다. 자주 찾아뵙고 문안 인사와 안부 전화를 드리고 부모님을 기쁘게 해 드려야 할 것이다. 부모님이 살아 계신 것이 행복이다.

어머니의 발을 씻겨 드리고 오게

"가정을 다스리지 못하는 자는 나라를 다스릴 수 없다."

– 플라톤 –

 자녀들이 어릴 때 어머니는 목욕시키고 닦아 주고 길러 준다. 그러나 부모님이 연세가 많아 거동이 불편해지면 자녀들은 용변치우고 목욕시키고 간호하는 것을 힘들어하며 요양원으로 모신다. 아마 평생 한 번도 부모님 목욕시키지 않은 자녀들이 많을 것이다.

 일본의 어느 일류대 졸업생이 한 회사에 이력서를 냈다. 사장이 면접 자리에서 의외의 질문을 던졌다.
"부모님을 목욕시켜 드리거나 닦아 드린 적이 있습니까?"
"한 번도 없습니다."
청년은 정직하게 대답했다.

가족이 행복이다

"그러면 부모님의 등을 긁어 드린 적은 있나요?"

청년은 잠시 생각했다.

"네, 제가 초등학교에 다닐 때 등을 긁어 드리면 어머니께서 용돈을 주셨습니다."

청년은 혹시 입사를 못하게 되는 것은 아닐까 걱정되기 시작했다. 사장은 청년의 마음을 읽은 듯 실망하지 말고 희망을 가지라고 위로했다. 정해진 면접 시간이 끝나고 청년이 자리에서 일어나 인사를 하자 사장이 이렇게 말했다.

"내일 이 시간에 다시 오세요. 하지만 한 가지 조건이 있습니다. 부모님을 닦아 드린 적이 없다고 했죠? 내일 여기 오기 전에 꼭 한 번 닦아 드렸으면 좋겠네요. 할 수 있겠어요?"

청년은 꼭 그러겠다고 대답했다. 그는 반드시 취업을 해야 하는 형편이었다. 아버지는 그가 태어난 지 얼마 안 돼 돌아가셨고, 어머니가 품을 팔아 그의 학비를 댔다. 어머니의 바람대로 그는 도쿄의 명문대학에 합격했다. 학비가 어마어마했지만, 어머니는 한 번도 힘들다는 내색을 비친 적이 없었다. 이제 그가 돈을 벌어 어머니의 은혜에 보답해야 할 차례였다.

청년이 집에 갔을 때, 어머니는 일터에서 아직 돌아오지 않았다. 청년은 곰곰이 생각했다. '어머니는 하루 종일 밖에서 일하시니까 틀림없이 발이 가장 더러울 거야. 그러니 발을 닦아 드리는 게 좋을 거야.' 집에 돌아온 어머니는 아들이 발을 씻겨 드리겠다고 하자 의아하게 생각했다.

192

"내 발은 왜 닦아 준다는 거니? 마음은 고맙지만 내가 닦으마!"

어머니는 한사코 발을 내밀지 않았다. 청년은 어쩔 수 없이 어머니를 닦아 드려야 하는 이유를 말씀드렸다.

"어머니, 오늘 입사 면접을 봤는데요. 사장님이 어머니를 씻겨 드리고 다시 오라고 했어요. 그래서 꼭 발을 닦아 드려야 해요."

그러자 어머니의 태도가 금세 바뀌었다. 두말없이 문턱에 걸터앉아 세숫대야에 발을 담갔다. 청년은 오른손으로 조심스레 어머니의 발등을 잡았다. 태어나 처음으로 가까이서 살펴보는 어머니의 발이었다. 자신의 하얀 발과 다르게 느껴졌다. 앙상한 발등이 나무껍질처럼 보였다.

"어머니, 그동안 저를 키우시느라 고생 많으셨죠? 이제 제가 은혜를 갚을게요."

"아니다, 고생은 무슨…….."

"오늘 면접을 본 회사가 유명한 곳이거든요. 제가 취직이 되면 더 이상 고된 일은 하지 마시고 집에서 편히 쉬세요."

손에 발바닥이 닿았다. 그 순간 청년은 숨이 멎는 것 같았다. 말문이 막혔다. 어머니의 발바닥은 시멘트처럼 딱딱하게 굳어 있었다. 도저히 사람의 피부라고 할 수 없을 정도였다. 어머니는 아들의 손이 발바닥에 닿았는지조차 느끼지 못하는 것 같았다. 발바닥의 굳은살 때문에 아무런 감각도 없었던 것이다.

청년의 손이 가늘게 떨렸다. 그는 고개를 더 숙였다. 그리고 울음을 참으려고 이를 악물었다. 새어 나오는 울음을 간신히 삼키고 또

삼켰다. 하지만 어깨가 들썩이는 것은 어찌할 수 없었다. 한쪽 어깨에 어머니의 부드러운 손길이 느껴졌다. 청년은 어머니의 발을 끌어 안고 목을 놓아 구슬피 울기 시작했다.

다음 날 청년은 다시 만난 회사 사장에게 말했다.

"어머니가 저 때문에 얼마나 고생하셨는지 이제야 알았습니다. 사장님은 학교에서 배우지 못했던 것을 깨닫게 해 주셨어요. 정말 감사드립니다. 만약 사장님이 아니었다면, 저는 어머니의 발을 살펴보거나 만질 생각을 평생 하지 못했을 거예요. 저에게는 어머니 한 분밖에는 안 계십니다. 이제 정말 어머니를 잘 모실 겁니다."

사장은 미소를 지으며 고개를 끄덕이더니 조용히 말했다.

"인사부로 가서 입사 수속을 밟도록 하게!"

갑자기 엄마가 보고 싶어 아내와 함께 태백으로 가서 어머니 머리를 깎아 드리고 목욕을 시켜 드리고 흰죽을 떠 드린 기억이 난다. 그리고 3일 후에 돌아가셨다는 연락이 왔다. 처음이자 마지막 이발과 목욕이었다. 물론 90세의 연세에 돌아가셨지만, 지금도 잘해 드리지 못한 것이 후회된다. 살아 계실 때 효도해야 하는 것을 너무 늦게 깨달은 것이다.

어머니가 보고 싶다. 어머니께 다하지 못한 효도를 봉사하며 실천하고 있다. 날마다 시간이 되면 웃음과 행복을 나누고 있다.

194

part 7

고운 말이 행복이다

7

고운 말이란 무엇인가?

(1) 말을 하기 쉽게 하지 말고, 알아듣기 쉽게 하라.

(2) 앞에서 할 수 없는 말은 뒤에서도 하지 말라.

(3) 약점은 농담으로도 들추어서는 안 된다.

(4) 넘겨짚으면 듣는 사람 마음의 빗장이 잠긴다.

(5) 웅변은 은이지만 침묵은 금이다.

(6) 말도 연습해야 나온다.

(7) 때로는 알면서 속아 주어라.

(8) 무덤까지 가져가기로 한 비밀을 털어놓는 것은 무덤을 파는 일이다.

(9) 쓴소리는 단맛으로 포장해라.

(10) 험담에는 발이 달렸다.

⑾ 지나친 아첨은 누구에게나 역겨움을 준다.

⑿ 작은 실수는 덮어 주고 큰 실수는 단호하게 꾸짖는다.

⒀ 말을 독점하면 적이 많아진다.

⒁ 두고두고 꽤씸한 생각이 드는 말은 위험하다.

⒂ 덕담은 많이 할수록 좋다.

⒃ 흥분한 목소리보다 낮은 목소리가 더 위력이 있다.

⒄ 말을 하기 쉽게 하지 말고, 알아듣기 쉽게 하라.

⒅ '사랑'이라는 이름으로도 잔소리는 용서가 안 된다.

⒆ 말은 입을 떠나면 '책임'이라는 추가 기다린다.

⒇ 지적은 간단하게 하고, 칭찬은 길게 하라.

고운 말이 행복이다

천국 방언

"인간은 입이 하나, 귀가 둘이 있다. 이는 말하기보다

듣기를 두 배 더하라는 뜻이다."

– 탈무드 –

필자는 8살 때 방언의 은사가 있었고, 지금도 사용하고 있다. 처음에는 얼마나 기쁜지 3일은 밥을 먹지 않아도 기뻐 춤출 것만 같았다. 물론 하나님께서 알아들으시는 천국의 언어이지만, 지금에 와서 생각해 보면 사람들이 알아듣지 못하는 방언보다는 아름다운 말의 순화가 진정 사람들에게 행복을 주는 방언이라고 생각한다.

『사랑과 행복에로의 초대』의 저자 양은순 교수는 서로가 행복하기 위해서 천국방언을 써야 한다고 강조하며 7가지 언어를 제시했다.

"미안해요. 괜찮아요. 고마워요. 사랑해요. 감사해요. 죄송해요.

잘했어요.”

우리 나름대로 더 좋은 말이 있다면 만들어서 그것을 '천국방언'이라 불러도 누구 하나 뭐라고 할 사람은 없을 것이며, 중요한 것은 이 천국방언이 사람의 입에서 나오는 말로 자신을 온유하고 겸손히 하며 상대방을 축복하고 용기를 주고 사랑하는 아름다운 말이라는 것이다.

사람의 말은 반드시 메아리를 치게 되어 있다. 불평의 말은 불평으로 내게 돌아오며, 무관심의 말은 내게 무관심으로 돌아온다. 반면 축복의 말은 내게 축복의 말로 돌아오며, 사랑의 말은 내게 사랑의 말로 돌아온다. 온유한 말은 부드러움으로 돌아오고, 덕스러운 말은 덕담으로 돌아온다.

사람은 정보나 지식에 목말라하기보다 진실한 말 한마디와 부드러운 미소, 따뜻한 눈빛에 목말라한다. 우리는 흔히 마음 씀씀이가 좋으면 '마음씨가 곱다'고 한다. 말씨도 역시 마찬가지이다. 누군가의 마음 밭에 뿌린 따뜻한 말의 씨앗들이 훗날 아름다운 이야기꽃으로 피어난다면, 그보다 좋은 일이 또 있을까?

말은 그 사람 자체이다. 왜냐하면 좋은 말은 그 사람의 좋은 마음, 좋은 삶을 보여 주기 때문이다. 사랑하는 마음이 말로 전해지면, 어떠한 사람이라도 금방 마음이 밝아진다. 좋은 말 한마디는 비단옷을 입혀 주는 것보다 더 따뜻하게 한다. 천국언어, 즉 아름다운 단어를 많이 사용하는 운동을 전개하면 행복한 개인, 행복한 가정, 행복한 사회가 이루어질 것이다.

천사와 악마의 차이

"질병은 입을 좇아 들어가고 화근은 입을 좇아 나온다."

− 태평어람 −

언어, 즉 말은 사람을 살리기도 하고 죽이기도 한다. 한번 곰곰이 생각해 보라. 나는 사람들에게 생명을 주는 말을 하는가, 아니면 용기를 꺾는 말을 하는가? 사람들에게 사랑의 말, 칭찬의 말, 그리고 힘과 용기를 주는 말, 위로와 격려의 말을 하라.

달걀을 품고 끙끙거리며 엉뚱한 일을 일삼던 에디슨은 초등학교 시절 퇴학을 당했다. 담임 선생님은 에디슨의 어머니에게 면담을 요청했다.

"저 아이는 저능아라서 학교에서는 도저히 못 가르치겠어요. 어머니가 집에서 가르치는 것이 좋겠어요."

하늘이 무너지는 것 같았던 어머니는 침착하게 말했다.

"저능아라니요. 선생님, 에디슨은 호기심이 많은 아이예요."

그리곤 에디슨에게

"너는 호기심이 아주 많은 아이란다. 너는 그 호기심 때문에 훌륭한 발명가 될 수 있을 거다. 엄마는 너를 사랑한다. 네가 자랑스럽다."

라고 말하면서 꼭 껴안아 주었다. 어머니의 이 한마디 때문에 에디슨의 일생은 변화를 맞게 된다. 만약에 에디슨의 어머니가 "이 바보같은 녀석아, 엄마 속을 이렇게 썩일 수가 있니? 너 같은 녀석은 꼴도 보기 싫다."라고 하면서 에디슨을 혼냈다면, 과연 발명왕 에디슨은 존재할 수 있었을까?

21세기를 맞이하면서 많은 사람들이 20세기 인류에게 가장 영향을 준 인물은 누구일까를 논의했다. 그 결과, 저능아라고 학교에서 퇴학당했던 에디슨이 바로 그 인물들 가운데 한 사람으로 선정되었다.

마크 트웨인(Mark Twain)은 "멋진 칭찬을 들으면 그것만 먹어도 두 달은 살 수 있다."고 하였다. 그렇다. 지금 대부분의 사람들은 음식을 못 먹어서 배고픈 것이 아니라, 격려와 칭찬과 긍정적인 말에 목말라 있다. 부정적인 말을 피하고 긍정적인 말을 해 보라. 불평과 원망의 말 상처 주는 말은 멈추고 좋은 말, 칭찬의 말, 격려의 말, 긍정적인 말, 사랑의 말, 덕스러운 말, 감사의 말, 창조적인 말, 위로의 말을 하도록 하자.

고운 말이 행복이다

또 할 어반(Hal Urban)은 그의 저서 『긍정적인 말의 힘』에서 "천사와 악마의 차이는 모습이 아니라 그가 하는 말이라."고 하였다. 당신이 천사인지 악마인지는 당신이 하는 말을 들어 보면 알 수 있다.

생명의 언어 긍정

"시간을 잘 맞춘 침묵은 말보다 더 좋은 웅변이다."

– 엠. 티피 –

필자가 성장하면서 가장 큰 콤플렉스는 말을 잘 못 하는 것이었다. 언변이 없어 말을 조리 있게 잘 표현하지를 못한다. 그래서 말 잘하는 사람을 보면 항상 부러움의 대상이었다. 모임에 가면 늘 꾸어다 놓은 보릿자루 같았다. 말을 많이 안 하니 실수는 적다고 할 수 있을지 모르나, 꼭 바보 멍청이 같다는 생각이 들기가 일쑤이다.

그런 필자가 대중들 앞에서 강연 활동을 한다는 것이 신기하기만 하다. 나도 내 자신이 이렇게 변화되리라고는 감히 상상도 하지 못했다.

미국 테네시 주의 한 작은 마을에 벤 후퍼(Ben Hooper)라는 아이가 태어났다. 그는 체구가 몹시 작고 아버지가 누구인지도 모르는 사생

고운 말이 행복이다

아였다. 마을의 어른들은 자기 자녀들이 아버지가 누구인지도 모르는 벤 후퍼와 함께 노는 것을 원치 않았고, 친구들도 그를 놀리며 멸시하였다.

벤 후퍼가 12살이 되었을 때, 마을의 교회에 젊은 목사님이 부임해 오셨다. 벤 후퍼는 그때까지 교회에 가 본 적이 없었지만, 그 젊은 목사님이 가는 곳마다 분위기가 밝아지고 사람들이 격려를 받는다는 소문을 듣고 교회에 가 보고 싶었다. 그래서 그는 예배 시간에 좀 늦게 예배당에 들어가 맨 뒷자리에 앉아 있다가 축도 시간이 되면 아무도 모르게 살짝 빠져나오곤 했다.

몇 주가 지난 어느 주일, 벤 후퍼는 목사님의 설교에 너무나 깊은 감명을 받았다. 잠시 감동에 젖어 있는 사이에 예배가 끝나 사람들이 밖으로 나가고 있었다. 벤 후퍼도 사람들 틈에 끼어 나오면서 목사님과 악수를 하게 되었다. 목사님은 벤 후퍼를 보고 물었다.

"네가 누구 아들이더라?"

갑자기 주변이 조용해졌다. 그때 목사님은 환한 얼굴로 벤 후퍼에게 말했다.

"그래, 네가 누구 아들인지 알겠다. 너는 네 아버지를 닮았기 때문에 금방 알 수 있어!"

목사님은 계속해서 말했다.

"너는 하나님의 아들이야! 네 모습을 보면 알 수 있거든!"

당황하여 빠져나가는 벤 후퍼의 등을 향해서 목사님은 말했다.

"하나님의 아들답게 훌륭한 사람이 되어야 한다."

세월이 흘러 벤 후퍼는 주지사가 되었다. 주지사 벤 후퍼는 "그때 그 목사님을 만나서 내가 '하나님의 아들'이라는 말을 듣던 그날이 바로 테네시 주의 주지사가 태어난 날입니다."라고 하였다.

사람은 말한 대로 살며 평소의 입버릇대로 살기 때문에 그 사람의 입이 곧 그 사람의 미래라고 할 수 있다. 믿음과 칭찬과 축복과 감사의 말을 하면 기분이 좋아지고 몸이 가벼워지고 마음이 행복해지고, 그러면 나 자신도 좋고 남도 좋고 모두가 좋아진다. 서로서로 좋아하면 하는 일마다 잘 풀리고 재산도 불어난다.

말은 에너지인데, 좋은 말은 좋은 에너지이고 나쁜 말은 나쁜 에너지이다. 좋은 에너지가 흘러넘치게 하자. 그러면 행복도 저절로 찾아올 것이다.

고운 말이 행복이다

아내의 말 한마디

"말은 말할 것도 없이 인류가 사용한 가장 효력 있는 약이다."

– 키프리 –

필자는 아내와 결혼한 지 31년이 되었는데, 아내는 언제나 나에게 용기를 북돋아 주고 할 수 있다고 긍정적으로 말해 준다. 내가 실수하고 잘못하고 실패를 했을 때도 왜 그렇게 했느냐고 잔소리를 하지 않는다. 알면서도 괜찮다고 잘했다고 용기를 주는 아내가 있기에, 그 많은 고난과 역경 속에서 좌절하지 않고 오늘의 멋진 내가 있는 것 같다.

오늘 내가 이렇게 행복천사가 되어 강연 활동을 하며 봉사하고 천국복음을 전할 수 있는 것은 물론 하나님의 은혜요, 또한 기다려 주고 인내하며 격려해 준 아내의 내조 덕분이다.

한창 정치 활동을 왕성하게 하던 프랭클린 루스벨트는 39세 때에 갑자기 소아마비에 걸려 보행이 곤란해져 다리를 쇠붙이에 고정시킨 채 휠체어를 타고 다녀야 했다. 절망에 빠진 그가 방에서만 지내는 것을 아무 말 없이 지켜보던 아내 엘레나 여사는 비가 그치고 맑게 갠 어느 날, 남편의 휠체어를 밀며 정원으로 산책을 나갔다.

"비가 온 뒤에는 반드시 이렇게 맑은 날이 옵니다. 당신도 마찬가지예요. 뜻하지 않은 병으로 다리는 불편해졌지만, 그렇다고 당신 자신이 달라진 건 하나도 없어요. 여보, 우리 조금만 더 힘을 냅시다."

아내의 말에 루스벨트가 대답했다.

"하지만 나는 영원한 불구자요. 그래도 나를 사랑하겠소?"

"아니, 무슨 그런 섭섭한 말을 해요? 그럼 내가 지금까지는 당신의 두 다리만을 사랑했나요?"

아내의 이 재치 있는 말에 루스벨트는 용기를 얻어 장애인의 몸으로 대통령에까지 당선되어 경제공황을 뉴딜정책으로 극복했고, 제2차 세계대전을 승리로 이끌었으며 미국 최초 4선 대통령이 되었다.

아내의 말 한마디가 남편의 인생을 결정한다. 성공한 사람 뒤에는 위대한 어머니가 있고, 성공한 남편 뒤에는 위대한 아내들이 있다. 아내들이여, 남편들에게 용기의 말로 격려해 주라. 아내의 말 한마디에 남편들은 용기를 얻는다.

고운 말이 행복이다

부부 싸움의 특효약

"짧은 말에 오히려 많은 지혜가 감추어져 있다."

– 소포클레스 –

필자는 아내와 부부 싸움을 해 보지 않았기 때문에 부부 싸움으로 갈등을 겪는 가정을 보면 안타깝기도 하고 '왜 부부 싸움을 할까?'라는 생각이 들곤 한다. 가정의 행복은 누가 가져다주는 것이 아니라, 스스로 만드는 것이다. 화가 나도 행복을 위해 참고 잔소리하고 싶어도 행복을 위해 하지 말아 보라. 얼마든지 행복해질 수 있지 않는가?

하루는 어떤 부인이 성 빈첸시오 신부를 찾아와 수심이 가득한 얼굴로 말했다.

"신부님, 저는 더 이상 남편과 살지 못하겠어요. 그 사람의 신경질은 지나치다 싶을 정도를 넘어섰어요. 어떻게 하면 우리 가정이 다시 화목해질 수 있을까요?"

빈첸시오 신부는 잠시 생각에 잠겼다가 입을 열었다.

"부인, 우리 수도원 앞뜰에는 작은 우물이 하나 있답니다. 수위에게 가서 그 우물물을 좀 얻어 가십시오. 그리고 남편이 집에 돌아오시면 그 물을 얼른 한 모금 입에 머금으십시오. 삼켜서는 안 됩니다. 그러면 놀라운 일이 일어날 거예요."

착한 부인은 신부의 말대로 수도원의 물을 얻어 가지고 집으로 돌아갔다. 그날 밤늦게 귀가한 남편은 또 어느 날처럼 부인에게 불평과 잔소리를 늘어놓기 시작했다. 전날 같았으면 부인도 마구 달려들었겠지만, 그녀는 빈첸시오 신부의 가르침대로 성수를 얼른 입안 가득히 물었다. 그리고 물이 새지 않도록 입술을 꼭 깨물었다. 그러자 남편의 떠드는 소리가 점차 잠잠해졌다. 그날 밤, 이들 부부는 더 이상 다투지 않고 무사히 밤을 보낼 수 있었다.

그날부터 부인은 남편이 신경질을 부릴 때마다 그 성수를 입안 가득히 머금곤 했다. 그것을 여러 차례 반복하는 동안 남편의 행동은 눈에 띄게 변했다. 신경질도 줄어들었고 오히려 부인에게 친절하게 대해 주었다. 부인은 남편의 달라진 태도에 무척이나 기뻐하며 신부를 찾아가서 감사의 인사를 드렸다. 그러자 빈첸시오 신부는 아주 부드러운 미소를 머금으며 이렇게 말했다.

"부인, 기적을 일으킨 것은 수도원 앞뜰의 우물물이 아닙니다. 바로 당신의 침묵이죠. 당신의 침묵이 남편을 부드럽게 한 것뿐입니다."

고운 말이 행복이다

인간은 말을 할 수 있는 동물이기에 위대하면서 동시에 많은 문제점도 가지고 있다. 우선 말은 한 사람의 입에서 나오지만, 천 사람의 귀로 들어간다는 사실을 명심해야 한다. 한마디 말로 천 냥 빚을 갚기도 하지만, 한마디 말로 사람 마음에 씻을 수 없는 상처를 남길 수도 있다.

명심보감에 이르기를 "깜박이는 한 점의 불티가 능히 넓고 넓은 숲을 태우고 반 마디의 그릇된 말이 평생에 쌓은 덕을 무너뜨린다."고 했다. 한번 잘못된 말은 엎질러진 물과 같아서 다시 어찌해 볼 수가 없다. 말은 될 수 있는 대로 신중히 생각해서 해야 되며, 되도록이면 말을 적게 하는 것이 실수를 범하지 않는 길이다. 우리는 말을 너무나 적게 했기 때문에 뉘우치는 일은 별로 없지만, 반대로 말을 많이 하고 나서는 나중에 뉘우쳐야 하는 일을 허다히 경험하게 된다.

허를 조심하는 마음

"사람들에게 말하는 것이 적으면 적을수록 기쁨은 더 많아진다."

– 톨스토이 –

옛날부터 선조들은 말의 폐해에 대하여 누누이 강조해 왔다. 동양에서는 "침묵은 금이요 달변은 은이라"고 했고 서양에서는 "침묵은 다이아몬드고 웅변은 골드라"고 하여 동서양 공히 타인을 음해하거나 중상하는 말을 삼가도록 하였다. 세 치 혀로 인하여 고난을 당한 인물이 역사상 얼마나 많았던가? 낮말은 새가 듣고 밤 말은 쥐가 듣는다.

조선시대 초기에 '황희'라는 유명한 정승이 있었는데, 그가 암행어사의 명을 받아 남쪽을 향하여 내려갈 때의 일이다. 때는 마침 모내는 철이라 들판에는 사람들이 많이 흩어져서 부지런히 일하고 있었

고운 말이 행복이다

다. 한곳을 지나노라니까 늙은 농부가 황소 한 마리와 검정 소 한 마리를 부려서 논을 갈고 있었다. 황 어사는 잠시 동안 논가는 구경을 하고 있다가 늙은 농부를 향해서 물었다.

"황소와 검정 소 중에서 어느 소가 일을 잘하오?

늙은 농부는 이 말을 듣더니 일손을 놓고 황 어사가 있는 곳으로 가까이 와서는 황 어사의 귀에다 대고 가만히 귓속말을 했다.

"황소가 일이 잘하오."

그런 대수롭지 않은 일에 그처럼 수선을 떨며 귓속말까지 하다니, 어이가 없던 황 어사가 또다시 입을 열었다.

"그만한 일을 가지고 귓속말을 할 것까지 뭐가 있단 말이오?"

그러자 늙은 농부는 이렇게 대답했다.

"두 마리의 소가 다 같이 일을 하고 있는데 어느 소가 일을 잘한다고 칭찬을 한다면 다른 소는 기분이 좋지 않을 것이 아니겠습니까?"

황 어사는 늙은 농부의 말을 듣고 크게 깨달아 죽을 때까지 말을 조심하며 살았다고 한다.

필자가 초등학교 다닐 때는 "조심조심 불조심, 꺼진 불도 다시 보자"라는 표어를 외웠지만, 지금은 "조심조심 말조심"이다. 왜냐하면 말 한마디의 실수가 엄청난 결과를 가져오기 때문이다. 입에서 나간 말은 다시 주워 담을 수 없기 때문에 조심하고 또 조심해야 한다. 말을 조심하는 것이 행복의 비결이다.

선비들의 주사위

“사람이 깊은 지혜를 갖고 있으면 있을수록
자기의 생각을 나타내는 말은 더욱더 단순하게 되는 것이다.”

– 톨스토이 –

　불교에서는 번뇌를 없애기 위해 염주를 굴리고 천주교에서는 묵주 기도를 위해 묵주를 굴리는 모습을 볼 수 있다. ‘의기문화(椅器文化)’라는 것이 있다. 소설 「상도」에서 거상 임상옥이 항상 곁에 두고 과욕을 다스렸다는 계영배(戒盈杯)와 같은 교훈용 기구를 ‘의기(椅器)’라 한다. 이것은 선비들 사이에서 크게 유행한 문화였다.

　또한 선비들은 ‘謝-忍-讚-過-責-詰-誹’와 같은 일곱 글씨가 새겨진 일곱 면으로 된 주사위를 굴리며 살았다.

謝 : 하루에 감사하는 말을 세 번 하라.

忍 : 홧김에 나오는 말을 세 번 참아라.

讚 : 칭찬하는 말을 세 번 하라.

過 : 잘못했다는 말을 세 번 하라.

責 : 꾸짖는 말을 세 번만 하지 마라.

詰 : 탓하는 말을 세 번만 하지 마라.

誹 : 헐뜯는 말을 세 번만 하지 마라.

이렇게 우리 선조들은 말과 마음을 다스렸던 것이다. 영국 신사도에도 다음 세 가지 말을 말머리나 말끝에 꼭 해야 한다는 조건이 있다. "I am sorry.", "Thank you.", "Please."가 바로 그것이다. 선비나 신사로 살아가기 위해서도 이와 같이 말을 훈련했다면 우리는 얼마나 많은 훈련을 해야 할까?

캐나다의 의학박사 윌리엄 오슬러(William Osler)는 "침묵은 가장 훌륭한 예술에 속한다."라고 했다. 미국의 경제 전문지 「포천」이 성공 비법을 제시한 적이 있는데, 그 내용 중 하나가 속내를 털어놓지 말고 상대의 이야기를 경청하라는 것이었다.

대인 관계의 3·2·1 법칙이 있다. 그것은 3분간 경청하고 2분간 맞장구쳐 주고 1분간 말을 하라는 것이다. 남의 말을 들어준다는 것은 굉장한 인내를 필요로 한다. 정신과 의사들의 주된 일은 환자의 이야기를 들어주는 것이다. 말에도 기술이 필요하고 훈련이 필요하다.

메아리의 법칙

"부드러운 말로 상대방을 설득하지 못하는 사람은
위엄 있는 말로도 설득하지 못한다."

– 안톤 체호프 –

　사회사업을 하는 분이 있는데, 장점과 좋은 점을 많이 가지고 있고 열정도 대단하다. 그런데 조금만 자기 마음에 들지 않으면 지금까지 수고했던 공은 없고 그냥 비난하고 다른 이에게 그 사람의 험담을 늘어놓는다. 그러므로 많은 사람들이 왔다가 상처를 받고 떠나가니 늘 외로움에 처해 있으며, 함께 일할 사람이 없으니 참으로 안타까운 모습이다.

　미국에 메트로 골드윈 메이어(Metro Goldwyn Mayer)라는 유명한 영화사가 있다. 이 회사 설립자는 회사 이름의 끝 자인 메이어(Mayer)이

고운 말이 행복이다

다. 메이어가 어렸을 때 친구와 싸운 적이 있었다. 메이어는 친구에게 맞고 집에 돌아와 분통을 터뜨리며 친구를 욕을 했다. 그러자 어머니가 메이어를 산으로 데리고 가 친구 욕을 실컷 하라고 하였다. 메이어는 산을 향해 소리를 쳤다

"나쁜 놈아. 못된 놈아."

그런데 이 소리가 메아리가 되어 자신에게 10배의 소리로 되돌아오는 것이었다. 그러자 어머니가 이번에는 이렇게 외쳐 보라고 했다.

"하나님이 너를 축복하신다."

메이어가 그렇게 말하자, 동일하게 메아리가 자신에게 축복의 말로 되돌아 왔다. 그때 메이어는 깨닫게 되었다. 내가 남을 향해 한 번의 욕을 하면 그것이 10배로 되돌아오고, 남을 한 번 축복하면 10배로 축복이 되돌아온다는 사실을 평생 마음에 새기고 'MGM(Metro-Goldwyn-Mayer)'이라는 큰 영화사를 세우게 되었다.

우리는 고운 말을 써야 한다. 내가 한 말은 다시 돌고 돌아 내게로 돌아온다. 이것이 바로 '메아리의 법칙'이다. 우리 사회는 말의 순화가 필요하다. 요즘 청소년들의 대화를 들어 보면 욕으로 시작해서 욕으로 끝나고 비속어와 저속어가 난무하며, 인터넷상의 댓글들을 보면 언어폭력 쓰레기장으로 변하고 있음을 볼 수 있다. 우리 서로 고운 말 쓰기 운동, 칭찬 댓글 달기 운동을 전개하면 좋겠다. 고운 말이 행복의 비결이다.

사랑의 말

"말이 있기에 사람은 짐승보다 낫다.
그러나 바르게 말하지 않으면 짐승이 그대보다 나을 것이다."

– 사아디 –

꽃의 향기는 십 리를 가고 말의 향기는 백 리를 가지만 베풂의 향기는 천 리를 가고 인품의 향기는 만 리를 간다는 말이 있다. 한번 지나가면 다시는 돌아오지 않는 세 가지가 있는데 첫째는 잃어버린 기회요, 두 번째는 시위를 떠난 화살이요, 세 번째는 입에서 나온 말이다. 그중 가장 무서운 것이 말이다.

유대인의 지혜서라는 『미드라시(midrash)』에 보면 험담은 세 사람을 죽이는데, 첫째는 말하는 자와 둘째는 험담의 대상자요. 셋째는 듣는 자라고 했다. 또 모로코 속담에는 "말이 입힌 상처는 칼이 입힌 상처보다 더 깊다."고 했으며, 롱펠로우어는 "내뱉는 말은 상대방의 가

고운 말이 행복이다

슴속에 수십 년 동안 화살처럼 꽂혀 있다.”고 하였다.

　우리는 너 나 할 것 없이 상처를 입은 사람들이다. 이 세상에서 상처가 없는 사람이 어디에 있겠는가? 그러기에 상처를 받기도 하고, 상처를 주기도 하며 살아간다. 말로 입은 상처는 오래간다. 피부의 상처는 시간이 지나면 아물지만, 마음의 상처는 평생을 갈 수도 있다. 격려와 기쁨의 말은 사람에게 용기와 행복을 주지만, 저주와 비난의 말은 한 사람의 신용과 명예를 일시에 무너뜨리기 때문이다.

　그러나 사랑의 말은 마음의 상처를 치유하며 주변을 밝게 해 주며 세상을 아름답게 한다. 사랑의 말은 마음을 행복하고 기쁘게 하며 마음을 따뜻하게 하기에 사랑의 말은 곧 행복이다.

가는 말과 오는 말

"나의 언어(말)의 한계는 나의 세계의 한계를 의미한다."

- 비트겐슈타인 -

"가는 말이 고와야 오는 말이 곱다."라는 속담이 있다. 내가 다른 사람에게 잘 대해 주면 다른 사람도 내게 잘 대해 준다는 뜻이다. 남에게 말이나 행동을 좋게 해야 자기에게도 좋은 반응이 돌아온다.

할머니와 할아버지가 나들이를 가게 되었다. 한참 걷다가 피곤함을 느낀 할머니가 "영감, 나 좀 업어줄 수 없어?"라고 했다. 할아버지는 업어 주기 싫었지만 나중에 들을 잔소리가 겁이나 할머니를 업어 주었다. 업혀 가던 할머니는 조금 미안했던지 "나, 무겁지?"라고 하였다. 그러자 할아버지는 "그럼, 무겁지!" 하고 퉁명스럽게 쏘아붙였다. 할머니가 "왜?" 하고 되묻자 할아버지는 이렇게 답했다.

"머리는 돌덩이지, 얼굴은 철판이지, 간은 부었으니까 그렇지."

돌아오는 길에는 할아버지가 다리를 다쳤다. "할멈, 다리가 아파. 나 좀 업어 주라." 할머니가 갈 때의 일도 있고 해서 할아버지를 업어 주었다. 이에 미안한 할아버지가 "나, 무겁지?" 하면 자기를 따라할 것 같아서 "나, 가볍지?" 하고 물었다. 그러자 할머니는 이렇게 대답했다.

"그럼 가볍지! 머리는 비었지, 입은 싸지, 허파엔 바람만 잔뜩 들었으니까."

아무리 친한 사이라 해도 듣기 싫은 말은 농담이라도 삼가자. 입에서 나온 말은 에너지이기 때문에 입에서 나온 말은 사라지지 않고 작은 에너지 덩어리가 되어 나의 주위를 감싼다. 그래서 내 주위에는 눈에 보이지는 않지만 나의 말들이 가득하다. 행복으로 가는 지름길은 나의 말들을 고운 말로 가득하게 하는 것이다.

part 8.

만남이
행복이다

8

만남이란
무엇인가?

⑴ 당신을 만나는 모든 사람이 당신과 헤어질 때는 더 나아지고 더 행복해질 수 있도록 하라.

⑵ 인간의 감정은 누군가를 만날 때와 헤어질 때 가장 순수하며 빛난다.

⑶ 이별의 아픔 속에서만 사랑의 깊이를 알게 된다.

⑷ 이 사랑의 꽃봉오리는 여름날 바람에 마냥 부풀었다가 다음 만날 때엔 예쁘게 꽃 필 거예요.

⑸ 좋은 만남이 좋은 운을 만든다. 좋은 인연을 소중히 하라.

⑹ 인간은 만남의 연속이다.

⑺ 이해관계에 의한 만남은 사랑이 아니라 거래에 불과하다.

⑻ 누군가를 만나고 싶어 하는 그리움을 간직하고 살아간다면 그 사람은 행복한 사람이다.

222

⑼ 가는 자는 쫓지 말며 오는 자는 막지 말라.

⑽ 사람에겐 사람이 필요하다.

⑾ 사람을 만난다는 것처럼 반가운 일은 없다.

⑿ 누군가를 만나고 싶어하는 그리움을 간직하고 살아간다면 그 사람은 행복한 사람이다.

⒀ 만남은 시작이 중요하다.

⒁ 인연은 한 번밖에 오지 않는다.

⒂ 비밀의 만남은 에로티시즘을 강렬하게 자극한다.

⒃ 인연은 만남을 통해 이루어진다.

⒄ 세상을 보는 데는 두 가지 방법이 있다. 모든 만남을 우연으로 보는 것과 기적으로 보는 것이다.

⒅ 모든 만남에는 의미가 있다.

⒆ 당신을 만나는 모든 사람이 당신과 헤어질 때는 더 나아지고 행복해질 수 있도록 하라.

⒇ 우리가 언제 다시 만날지는 아무도 모른다.

만남이 행복이다

만남의 종류

"당신을 만나는 모든 사람이 당신과 헤어질 때는
더 나아지고 행복해질 수 있도록 하라."

– 마더 테레사 –

처음 만남은 하늘이 만들어 주는 인연이고, 그다음부터는 인간이 만들어가는 인연이라고 한다. 정채봉 씨가 쓴 에세이집에 「만남」이란 글이 있다. 그곳에서 작가는 여러 가지 만남에 대해 이야기한다. 만남에는 세 가지 종류가 있는데, 생선 같은 만남, 꽃과 같은 만남, 손수건 같은 만남이 있다.

첫째, 생선 같은 만남이란 만지기만 하면 비린내가 나는 만남을 말한다. 만나면 서로에게 좋지 않은 영향을 주는 것이다. 시기하고 질투하고 싸우고 원한을 남기게 되는 만남이다. 이런 만남은 오래갈수록 더욱 부패한 냄새를 풍긴다.

둘째, 꽃과 같은 만남은 만나면 향기가 나고 좋아 어쩔 줄 모르지만 금세 시드는 만남을 말한다. 모든 육체는 풀과 같다. 풀은 쉬 마르고 꽃은 10일을 넘지 못한다. 꽃과 같은 사랑은 풋사랑이다. 그렇다면 만남 중에 가장 아름다운 만남은 어떤 만남일까?

셋째, 손수건 같은 만남이 있다. 상대가 슬플 때 눈물을 닦아 주고 그의 기쁨이 내 기쁨인 양 축하하고 힘들 때는 땀도 닦아 주며 언제나 함께하는 만남을 말한다. 부부나 친구나 이웃의 만남은 손수건의 만남이 되어야 한다. 새 하늘과 새 땅이 도래하는 날, 주님께서도 손수건으로 우리 눈물을 닦아 주신다고 하셨다.

만남이 인생의 행복과 불행을 결정한다. 우리 인생에 있어 중요한 축복은 만남의 축복이다. 그러므로 자녀를 위해 기도하되 특별히 만남의 축복을 위하여 기도해야 한다. 좋은 만남이 축복이고 행복이다.

만남이 행복이다

처칠과 플레밍의 만남

"인간의 감정은 누군가를 만날 때와 헤어질 때

가장 순수하며 가장 빛난다."

– 장 폴 리히터 –

역사적인 만남에 대한 일화가 있다. 처칠과 플레밍의 만남이다. 이처럼 아름다운 만남이 또 있을까?

영국의 한 시골에서 부잣집 소년이 연못에 빠져 거의 죽게 됐을 때, 가난한 집의 수영 잘하는 소년이 그를 구해 줬다. 그 후 둘은 친한 친구가 됐다. 어느 날 부잣집 소년이 그 친구에게 말했다.

"친구, 소원을 하나만 말해 줄래? 너의 소원을 꼭 듣고 싶어!"

그러자 가난한 집 친구가 대답했다.

"내 꿈? 내 꿈은 런던에 가서 의학을 공부하는 거야!"

그 부잣집 소년은 친구의 소원을 자기 아버지에게 얘기했고, 마침 내 플레밍은 친구 아버지의 도움으로 런던에서 의학 공부를 마치고 의사가 됐다. 그가 바로 페니실린을 발견한 알렉산더 플레밍이었다.

그런데 페니실린을 발견한 지 얼마 되지 않아 플레밍은 그 부잣집 친구가 폐렴으로 위독한 상태에 빠졌다는 소식을 들었다. 플레밍은 페니실린을 들고 급히 달려가 그 친구를 간신히 살려냈다. 그렇게 살 아난 친구가 바로 제2차 세계대전의 영웅, 윈스턴 처칠이었다. 이런 것을 두고 우리는 '만남의 신비'라고 한다.

인생에서 제일 중요한 것은 만남이다. 독일의 문학자 한스 카롯사 는 "인생은 너와 나의 만남이다."고 말했다. 인간은 만남의 존재이며 산다는 것은 만난다는 것이다. 부모와의 만남, 스승과의 만남, 친구 와의 만남, 좋은 책과의 만남 등 많은 사람과의 만남이다. 인간의 행 복과 불행은 이러한 만남을 통해서 결정된다.

여자는 좋은 남편을 만나야 행복하고, 남자는 좋은 아내를 만나야 행복하다. 학생은 훌륭한 스승을 만나야 실력이 생기고, 스승은 뛰 어난 제자를 만나야 가르치는 보람을 누리게 된다. 자식은 부모를 잘 만나야 하고, 부모는 자식을 잘 만나야 한다. 씨앗은 땅을 잘 만나야 하고, 땅은 씨앗을 잘 만나야 한다. 백성은 왕을 잘 만나야 하고, 왕 은 백성을 잘 만나야 훌륭한 인물이 된다.

인생에서 만남은 모든 것을 결정한다. 우연한 만남이든 섭리적 만 남이든 만남은 중요하다. 인생의 변화는 만남을 통해 시작되며, 만

만남이 행복이다

남을 통해 우리는 서로를 발견하게 되고 서로에게 의미를 부여하기 시작한다. 좋은 만남은 서로에게 행복이 된다.

하나님을 만나려면

"인연은 한 권의 책과 같다. 대충 보면 놓칠 수 있고,

너무 열심히 읽으면 눈물이 날 수 있다."

– 웃음천사 권영세 –

여러 가지 만남 중에 가장 중요한 만남은 하나님과의 만남이다. 피조물인 인간과 조물주인 하나님과의 만남이기 때문이다.

하나님을 만나고 싶어 하는 한 어린 소년이 있었다. 그래서 소년은 초콜릿과 음료수를 배낭에 챙겨 들고 여행길에 나섰다.

한참을 걸었을 때, 소년은 길에서 할머니 한 분을 만났다. 할머니는 지치고 배도 고파 보였다. 그래서 초콜릿을 꺼내 할머니에게 드렸다. 할머니는 고맙게 받아 드시고 소년에게 웃음을 지어 보이셨다. 할머니의 그 모습이 너무도 아름다웠기에 이번에는 음료수를 건네

만남이 행복이다

드렸다. 할머니는 또다시 웃어 보이셨다. 할머니와 소년은 가끔씩 서로를 바라볼 뿐 다른 말은 한마디도 하지 않았다.

날이 어두워지자, 피곤함을 느낀 소년은 자리에서 일어섰다. 몇 걸음 걸어가다 말고 달려가 할머니를 꼭 껴안아 드렸다. 집으로 돌아온 소년의 얼굴에는 행복이 넘쳐흘렀다. 소년의 어머니는 소년의 행복한 표정을 보고 소년에게 물었다.

"오늘 무엇을 했기에 그렇게 행복해 보이니?"

"오늘 하나님과 함께 점심을 먹었어요. 엄마도 아세요? 하나님은 내가 여태껏 본 중에서 가장 아름다운 미소를 가지셨어요."

할머니의 아들 역시 할머니의 얼굴에 나타난 평화로운 표정을 보고 놀라서 물었다.

"어머니, 오늘 무슨 일이 있으셨기에 그렇게 행복해 보이세요?"

그녀가 대답했다.

"오늘 공원에서 하나님과 함께 초콜릿을 먹었단다. 너도 아니? 그분은 내가 생각했던 것보다 훨씬 젊더구나."

마더 테레사는 "하루에 다섯 번만이라도 미소를 지으라. 그러면 주위 사람들이 하나님으로 바뀔 것이고 쉽게 하나님을 뵐 수 있을 것이라."고 했다. 우리 서로를 향해 미소를 지어 주어 우리의 주위 사람들이 하나님으로 바뀌게 하자.

좋은 사람과 사귀라

"지혜로운 자와 동행하면 지혜를 얻고
미련한 자와 사귀면 해를 받는다."

– 솔로몬 –

   세상의 모든 일은 만남과 관계를 통해서 이루어진다. 이 둘의 조화에 의해서 세상이 발전하기도 하고 쇠퇴하기도 한다. 만남은 하늘에 속한 일이고, 관계는 땅에 속한 일이다. 만남에 대한 책임은 하늘에 있고, 관계에 대한 책임은 사람에게 있다.

   홍콩에 '이가성(李嘉诚)'이라는 이름을 지닌 부호가 있다. 순위는 의미 없지만, 세계에서 열 손가락 안에 그리고 아시아에선 최고의 갑부이다. "홍콩에서 1달러를 쓰면 5센트는 이가성에게 돌아간다."라는 말이 있을 정도로 특히 홍콩 경제, 더 나아가 전 중화권 경제와 아시아 경제에까지 영향력이 가장 큰 사람이다.

개인 재산이 약 30조 원에 달하는데, 세탁소 점원으로 시작해서 엄청난 부를 이루었다는 게 첫 번째 배울 점이고, 지금도 5만 원 이하의 구두와 10만 원 이하의 양복을 입고, 비행기는 꼭 이코노미를 타면서 검소하다는 게 두 번째 배울 점이며, 그 절약한 돈으로 아시아에서 기부를 제일 많이 한다는 것이 세 번째 배울 점이다. 그것도 회사 명의가 아닌 본인의 재산을 팔아서 한다는 점이며, 매년 3,000억 원에 달하는 돈을 장학금으로 기부하는 걸로 알려져 있다.

이러한 이가성 회장과 운전기사의 흥미 있는 이야기가 있다. 이가성 회장의 운전기사는 30여 년간 그의 차를 몰다가 마침내 떠날 때가 되었다. 이가성 회장은 운전기사의 노고를 위로하고 노년을 편히 보내게 하기 위해 200만 위엔(약 3억 6천만 원)의 수표를 건넸다. 그랬더니, 운전기사는 필요 없다 사양하며, "저도 이천만 위엔(약 36억 원) 정도는 모아 놓았습니다." 라고 하더란다.

이가성 회장은 기이하게 여겨 물었다.

"월급이 5~6천위 엔(약 100만 원)밖에 안 되었는데 어떻게 그렇게 거액의 돈을 저축해 놓았지?"

그러자 운전사가 대답했다.

"제가 차를 몰 때 회장님이 뒷자리에서 전화하는 것을 듣고 땅을 사실 때마다 저도 조금씩 사 놓았고요. 주식을 살 때 저도 따라서 약간씩 구입해 놓아 지금 자산이 이천만 위엔(36억) 이상에 이르고 있습니다."

인생에 누구를 만났느냐는 어쩌면 한 사람의 인생을 좌우할 수도 있다. 파리의 뒤를 쫓으면 변소 주위만 돌아다닐 것이고, 꿀벌의 뒤를 쫓으면 꽃밭을 함께 노닐게 될 것이다. 물은 어떤 그릇에 담느냐에 따라서 모양이 달라지지만, 사람은 어떤 사람을 사귀느냐에 따라 운명이 결정된다.

감사하는 사람, 긍정적인 사람, 섬기는 사람, 베풀 줄 아는 사람과 함께하면 나도 그와 같이 닮아 간다. 내가 함께하는 사람, 내가 만나는 사람, 내가 사귀는 사람이 좋은 사람인가 살펴보라. 그가 좋은 사람이면 나도 함께 좋은 사람이 될 것이다.

만남이 행복이다

위대한 스승

"이해관계에 의한 만남은 사랑이 아니라 거래에 불과하다."

– 그라시안 –

필자의 어머니는 소학교도 다니지 않은, 글을 모르는 분이셨다. 그러나 예수를 믿고 하나님이 초자연적인 방법으로 글씨를 가르쳐 주셔서 90세에 돌아가실 때까지 그 방대한 신구약 성경을 24번을 통독하시고 성경을 쓰기까지 하셨다. 아들 칠형제를 다 신앙으로 키우시고 섬김과 봉사의 본을 몸소 실천으로 보여 주셨으며, 모든 가족을 신앙으로 이끄신 위대한 어머니이시다.

한 소년이 위대한 스승을 만나기 위해 오랫동안 방황했다. 소년은 깊은 숲과 황량한 사막을 헤맸으나 위대한 스승을 찾지 못했다. 소년은 너무 지쳐서 나무 밑에 털썩 주저앉아 쉬고 있었다. 그때 흰 수염과 맑은 눈동자를 지닌 한 노인이 나타나 소년에게 물었다.

"소년아, 왜 그렇게 방황하고 있느냐?"

소년이 대답했다.

"위대한 스승을 찾고 있습니다."

노인은 얼굴 가득히 온화한 미소를 지으며 말했다.

"네가 찾는 위대한 스승이 어디에 있는지 가르쳐 주마. 지금 곧장 너희 집으로 돌아가라. 그러면 한 사람이 신발도 신지 않은 채 뛰어나올 것이다. 그 사람이 바로 네가 찾는 위대한 스승이란다."

소년은 위대한 스승을 빨리 만나고 싶어 집으로 달려갔다. 소년이 대문을 두드리자, 한 여인이 신발도 신지 않은 채 뛰어나와 소년을 맞았다. 그 위대한 스승은 바로 소년의 어머니였다.

어머니는 최선의 교육자이자, 이 세상에서 가장 위대한 스승 이다. 가정은 하나님이 세운 학교이며, 부모는 그 학교의 교사이다. 하나님은 자기의 자녀들을 말씀 안에서 잘 양육하도록 부모에게 맡기셨다.

윈스턴 처칠이 세계적인 인물로 부상했을 때, 영국의 한 신문이 그에 대한 특집기사를 다루었다. 그 신문은 유치원부터 대학까지 처칠을 가르친 교사들을 모두 조사해 '위대한 스승들'이란 제목으로 글을 실었다. 그때 처칠은 신문사에 짤막한 편지 한 통을 보냈다.

"귀 신문사에서는 나의 가장 위대한 스승 한 분을 찾아내지 못했습니다. 그분은 바로 나의 어머님이십니다. 어머니는 제 인생의 나침

만남이 행복이다

반이었습니다."

미국의 레이건 대통령도 어머니날 특집프로에 출연해 어머니의 사
랑을 이렇게 표현했다.

"나에게 가장 큰 영향을 끼친 인물은 바로 나의 어머니, 넬리 레이
건입니다. 어머니는 가장 훌륭한 스승입니다. 오늘날 미국을 지탱하
는 힘은 바로 어머니의 사랑입니다."

역사적인 위대한 인물 뒤에는 항상 훌륭한 어머니가 있다. 어머니
는 자식이 아니라 사랑으로 인간을 만드는 위대한 스승이다. 어머니
를 잘 만나는 것이 축복이고 행복이다. 어머니는 필자에게 가장 위대
한 스승이며, 제일 존경하는 분이시다.

부모를 잘 만난 사람

"잘 있거라, 우리가 언제 다시 만날지는 아무도 모른다."

– 윌리엄 셰익스피어 –

부모와의 만남은 운명적인 만남이다. 내가 태어나 보니까 이미 내 부모가 주어져 있었다. 그래서 이 만남을 가리켜 '하늘이 맺어 준 만남'이라고 말한다.

맹자의 어머니는 아들을 위해서 세 번 이사했다고 한다. 오늘날 부모들은 이점에서는 맹모보다 훨씬 적극적이다. 오늘 부모들은 아이들의 공부 문제라면 누구에게도 뒤떨어지지 않는다. 그런데 맹모가 아들을 위해서 이사한 것은 오늘 어머니들과는 좀 생각이 다르다.

맹모는 아들을 위해서 묘지 근처로 이사하고, 시장 근처로 이사하고, 마지막에는 학교 근처로 이사를 했다. 맹모가 생각 없이 그렇게 이사했겠는가? 맹모는 아들을 데리고 묘지 근처로 이사해서 아들로

하여금 그곳에서 인생의 깊음과 엄숙함을 체험케 했다. 그리고 나서 맹모는 아들을 데리고 시장 근처로 이사를 갔다. 거기서 아들에게 이 세상의 삶의 모습과 생존경쟁의 원리를 체득하게 해 주었다. 그리고 아들을 데리고 마지막으로 학교 근처로 이사를 갔다. 거기서 학문의 깊음을 알게 하고 깨닫게 해 주었다. 이것이 맹모의 아들에 대한 배려이다.

결국 그 아들이 커서 그 유명한 맹자가 되었는데, 이는 전적 으로 어머니의 세심한 배려와 공로이다. 이처럼 지혜로운 부모를 만나는 것이 축복이자, 행복의 비결이다.

배우자를 잘 만난 사람

"인연은 한 번밖에 오지 않는다."

– 웃음천사 권영세 –

　필자는 배우자를 잘 만난 축복을 받은 것 같다. 결혼 생활 31년 동
안 싸우지 않고 한결같이 서로 사랑하고 아껴 주고 위로해 주니, 이
보다 더 큰 축복이 어디 있겠는가? 부부는 한 몸이라고 하지 않는가?
　"험한 풍랑이 대작하는 먼 뱃길 떠나는 사람을 위해서는 한번 기도
하고, 전쟁터에 나가는 군인을 위해서는 두 번 기도하고, 결혼하는
사람을 위해서는 세 번 기도하라."는 유럽 속담이 있다. 그만큼 배우
자의 만남이 참 중요하다는 뜻이다. 다른 사람은 마음에 맞지 않으면
안 보면 그만인데, 배우자는 안 보고 살 수도 없는 사람이다. 그래서
뜻이 잘 맞는 부부로 만나서 산다는 것은 복 중의 복이다.

일본에서 어느 집이 헐어서 벽을 헐고 다시 지으려고 하다가 인부들이 깜짝 놀란 이야기가 있다. 벽 속에 10년 전 그 벽을 쌓을 때 다리를 못에 찔린 채 매달려 있는 도마뱀이 있었다. 그런데 어떻게 살아 있는가 보았더니, 암컷이 못에 찔린 남편 수컷을 10년간 먹이를 물어다 주어서 살린 것이었다.

위의 이야기 속 도마뱀의 순애보를 보면, 동물의 사랑도 이 정도로 깊음을 알 수 있다. 부부는 서로 잘 만나야 한다. 서로 좋은 부부가 되어야 한다.

성경에 보면 아굴라 이야기가 많이 나온다. 브리스길라와 아굴라 두 사람은 부부인데, 아주 뜻이 잘 맞는 신앙의 부부였다. 그 부부는 언제나 함께 다니며 전도 일을 했다. 그래서 사도바울의 제일가는 동역자들이 되었다. 그래서 성경을 보면 언제나 이름이 나올 때는 두 부부가 함께 등장한다. 이것이 부부다.

스승을 잘 만난 사람

"싫어하는 사람을 상대하는 것도 하나의 지혜다."

– 그라시안 –

스승은 자라나는 어린 지성에 많은 영향을 끼치는 사람이다. 스승의 말 한마디에 일생을 바꾼 사람도 있다. 그만큼 스승이 미치는 영향이 크다는 말이다.

철학자 플라톤은 정치가가 되는 것이 꿈이었던 사람이다. 그런데 어느 날, 소크라테스라는 철학자를 만나서 이야기하는 동안 그는 철학자가 되기로 마음을 바꾼다. 그래서 이 땅에 플라톤이라는 철학자가 탄생하게 된 것이다. 스승은 바로 이런 존재이다.

대부분의 사람들은 미켈란젤로의 이름은 기억하고 있지만, '보톨도 지오바니'라는 이름을 기억하는 사람은 그리 많지 않다. 보톨도 지오

만남이 행복이다

바니는 미켈란젤로의 스승이다. 미켈란젤로가 14살이 되었을 때, 그는 보톨도의 문하생이 되기 위해서 찾아왔다. 그의 놀라운 재능을 본 보톨도는 그에게 이렇게 물었다.

"너는 위대한 조각가가 되기 위해서 무엇이 필요하다고 생각하느냐?"

"제가 가지고 있는 재능과 기술을 더 닦아야 한다고 생각합니다."

"네 기술만으로는 안 된다. 너는 네 기술로써 무엇을 위하여 쓸 것인가? 먼저 분명한 결정을 해야 한다."

그리고 미켈란젤로를 데리고 나가서 두 곳을 구경시켜 주었다. 처음으로 구경시켜 준 곳은 바로 술집이다.

"스승님, 술집 입구에 아름다운 조각이 있어요."

"이 조각은 아름답지만 조각가는 술집을 위해서 이 조각을 사용했단다."

이 스승은 다시 어린 미켈란젤로의 손을 잡고서 아주 거대한 성당으로 가서 아름다운 조각상을 보여 주었다.

"너는 이 아름다운 천사의 조각상이 마음에 드느냐, 아니면 저 술집 입구에 있는 조각상이 마음에 드느냐? 똑같은 조각이지만 하나는 하나님의 영광을 위해서, 또 하나는 술 마시는 쾌락을 위해서 세워졌단다. 너는 네 기술과 재능을 무엇을 위하여 쓰기를 원하느냐?"

스승의 물음에 어린 미켈란젤로는 세 번씩 대답했다.

"하나님을 위하여, 하나님을 위하여, 하나님을 위하여 쓰겠습니다!"

우리는 지금 우리가 가지고 있는 몸, 시간, 기회 등 이 모든 것을 무엇을 위해서 쓰고 있는지 되돌아봐야 할 때이다.

좋은 스승 밑에 좋은 제자가 있다. 인생을 살아가는 동안 좋은 스승을 만나는 것이 행복이고 축복이다. 필자는 고려대학교 평생교육원과 숙명여대 사회교육원 교수로서 학생들에게 참 좋은 스승으로 남고 싶다.

만남이 행복이다

친구를 잘 만난 사람

"좋은 친구를 갖는다는 것은 큰 자본을 얻는 것과 같다."

– 웃음천사 권영세 –

친구는 네 분류가 있는데, 꽃과 같은 친구, 저울과 같은 친구, 산과 같은 친구, 땅과 같은 친구로 나눌 수 있다.

첫째, 꽃과 같은 친구이다. 꽃이 피어서 예쁠 때는 그 아름다움에 찬사를 아끼지 않는다. 그러나 꽃이 지고 나면 돌아보는 이 하나 없듯, 자기 좋을 때만 찾아오는 친구는 바로 꽃과 같은 친구이다.

둘째, 저울과 같은 친구이다. 저울은 무게에 따라 이쪽으로 또는 저쪽으로 기운다. 그와 같이 나에게 이익이 있는가 없는가를 따져 이익이 큰 쪽으로만 움직이는 친구가 바로 저울과 같은 친구이다.

셋째, 산과 같은 친구이다. 산이란 온갖 새와 짐승의 안식처이며 멀리 보거나 가까이 가거나 늘 그 자리에서 반겨 준다. 그처럼 생각만 해도 편안하고 마음 든든한 친구가 바로 산과 같은 친구이다.

넷째, 땅과 같은 친구이다. 땅은 뭇 생명의 싹을 틔워 주고 곡식을 길러 내며 누구에게도 조건 없이 기쁜 마음으로 은혜를 베풀어 준다. 한결같은 마음으로 지지해 주는 친구가 바로 땅과 같은 친구이다.

어느 중학교 여학생이 백혈병에 걸려 항암 치료를 받았다. 그래서 머리카락이 다 빠진 여학생은 가발을 쓰고 학교를 다녔다. 그런데 모두는 아니지만, 반 친구들이 가발을 벗기며 놀려댔다. 가발을 쓰면 벗기고, 또 벗기고……. 그 여학생은 학교 가기를 거부했고, 늘 자살할 생각만 했으며 병은 더욱 깊어 갔다.

같은 학교 남학생이 뇌종양이었다. 그 학생도 방사선 치료와 화학 요법 때문에 머리카락이 모두 빠졌다. 한 친구가 친구의 아픔을 조금이라도 같이 나누고 싶었지만 할 방법이 없었다. 그래서 자기의 머리를 완전히 밀어 버렸다. 그리고 하나, 둘, 셋……. 그 반 학생들은 앞을 다투어 머리카락을 깎았다. 며칠 후, 뇌종양에 걸린 남학생 반은 한 사람도 남김없이 모두 머리를 깎았다. 뇌종양에 걸린 학생은 의사가 놀랄 정도로 빠르게 회복되어 갔다.

진정한 친구는 어려울 때 돕는 친구이다. "친구 따라 강남 간다." 는 말이 있듯 좋은 친구와의 만남은 행복이요, 축복이다.

만남이 행복이다

가장 중요한 만남

"좋은 벗은 인생의 양약이다."

– 웃음천사 권영세 –

　필자는 기독교 신앙의 가정에서 태어나 자연스럽게 신앙생활을 하게 되었다. 기독교 가정에 태어난 것은 축복 중에 축복이다.

　인생을 살아가면서 많은 사람을 만나며 살아간다. 인생은 만남의 연속이라고 할 수 있다. 인생은 나와 너와의 만남이다. 부모도, 배우자도, 스승도, 친구도 좋은 사람들이다. 그런데 그런 사람들보다 더 중요한 만남이 있다. 그것은 바로 예수 그리스도와의 만남이다.

　미국 트루먼 대통령은 은퇴 후 고향 미주리 주의 인디펜던스에 기념도서관을 짓고 어린이들과 자주 어울렸다. 한번은 도서관을 찾아온 한 어린이로부터 질문을 받았다.

"대통령께서는 제 나이 때 어떤 학생이었어요? 학급에서 반장을 하셨지요?"

트루먼은 소년의 어깨에 가볍게 손을 얹으며 말했다.

"너보다 훨씬 볼품없는 소년이었단다. 친구들이 소리를 지르면 겁이 나서 몸을 바들바들 떨었지. 운동도 못 했단다. 안경을 벗으면 책을 읽지 못할 정도로 시력도 좋지 않았단다."

소년은 고개를 갸우뚱거리며 다시 물었다.

"그런데 어떻게 대통령이 될 수 있었나요?"

트루먼은 친절하게 설명했다.

"나는 매사에 자신이 없었단다. 그래서 항상 쉽게 모든 걸 포기하곤 했었지. 하지만 매일 성경을 읽으면서 하나님이 등 뒤에서 나를 밀어주고 있다는 것을 알게 되었고, 빌립보서 4장13절 '내게 능력 주시는 자 안에서 내가 모든 것을 할 수 있느니라.'는 말씀이 내 용기의 근원이 되었단다. 그래서 일단 일을 시작하면 끝까지 밀고 나갈 수 있었지. 그것이 바로 대통령이 된 원동력이란다."

일생에 중요한 만남이 세 번 있는데, 첫째는 부모와의 만남이요, 둘째는 스승과의 만남이요, 셋째는 배우자와의 만남이다. 그러나 당신이 만나야 될 또 다른 한 분이 계신다. 그분은 바로 예수 그리스도이시다. 그 주님이 지금 간절히 만나기를 원하시며 찾고 계시는 사람이 있다. 또 이분을 반드시 만나야 될 사람이 있다. 그 사람은 바로 당신이다.

만남이 행복이다

만남 중에서도 가장 복된 만남은 예수님와의 만남이다. 이것은 뜻 있는 만남이요, 영원한 만남이요, 영광스러운 만남이요, 축복된 만남이다. 우리가 예수 그리스도를 만나게 될 때, 우리의 인생은 새롭게 시작된다. 예수 그리스도와의 만남은 새로운 탄생이고 새로운 출발이요, 거듭남이다. 예수님을 만날 때 당신의 삶에 행복이 넘치게 된다.

part 9.

성공이
행복이다

9

성공이란 무엇인가?

⑴ 성공이란 열정을 잃지 않고 실패를 거듭할 수 있는 능력이다.

⑵ 만족하게 살고 때때로 웃으며 많이 사랑한 사람이 성공한다.

⑶ 명예롭지 못한 성공은 양념하지 않은 요리와 같아서 배고픔은 면하게 해 주지만 맛은 없다.

⑷ 로마에 가면 로마 사람들이 하는 대로 하라는 것처럼 성공의 가장 확실한 법칙은 없다.

⑸ 먼저 핀 꽃은 먼저 진다. 남들보다 먼저 공을 세우려고 조급히 서둘 것이 아니다.

⑹ 성공은 성공 지향적인 사람에게만 온다. 실패는 스스로 실패할 수밖에 없다고 체념해 버리는 사람에게 온다.

⑺ 성공한 사람은 실패자가 하기 싫어하는 일을 하는 습관을 들었을

뿐이다.

⑻ 성공이란 실패에 실패를 거듭하면서도 열정에 전혀 손실을 입지 않는 능력이다.

⑼ 성공에 크기는 믿음의 크기에 비례한다.

⑽ 모든 성공은 열정으로부터 시작한다.

⑾ 성공은 결과이지, 목적은 아니다.

⑿ 시도하지 않는 곳에 성공이 있었던 예는 결코 없다.

⒀ 도중에 포기하지 말라. 망설이지 말라. 최후의 성공을 거둘 때까지 밀고 나가라.

⒁ 도전에 성공하는 비결은 단 하나, 결단코 포기하지 않는 일이다.

⒂ 성공에 대해서 서두르지 않고 교만하지 않고 쉬지 않고 포기하지 않는다.

⒃ 당장 편하자고 남의 손을 빌리면 성공의 기쁨도 영영 남의 것이 된다.

⒄ 고독한 영웅에겐 성공보다 실패가 많다.

⒅ 아무리 위대한 일도 열심히 하지 않고 성공된 예는 없다.

⒆ 성공을 확신하는 것이 성공에의 첫걸음이다.

⒇ 성공은 성공 지향적인 사람에게만 온다. 실패는 스스로가 실패할 수밖에 없다고 체념하는 사람에게 온다.

성공이 행복이다

실패는 성공의 발판

"성공은 성공 지향적인 사람에게만 온다.
실패는 스스로 실패할 수밖에 없다고 체념해 버리는 사람에게 온다."

– 나폴레온 힐 –

미국이 남북전쟁으로 나라가 둘로 갈라졌을 때, 아브라함 링컨은 전쟁의 실패에도 불구하고 "나는 여러분들의 실패에 대해 관심이 없습니다. 나는 여러분들이 다시 일어나는 것에 관심이 있습니다."라고 연설했다.

성공을 축하하는 일이나 축하받는 일은 좋은 일이긴 하나, 그보다 중요한 건 실패에서 교훈을 얻는 일이다. "실패는 성공의 어머니"라는 말이 있는데, 실패를 성공의 발판으로 삼고 일어설 때 더 가치 있고 빛난다. 인생에서 가장 중요한 것은 실패했다고 낙심하지 않는 것이며, 성공했다고 지나친 기쁨에 도취되지 않는 것이다.

미국의 가장 위대한 대통령은 아브라함 링컨인데 링컨 전기를 보면 그는 온갖 실패로 얼룩진 삶을 살았음을 알 수 있다. 1831년에 사업에 실패했고, 1년 뒤 1832년에 그는 주의회 의원에 출마해 낙선했고, 1833년 다시 사업에 실패해 17년간 빚을 갚느라고 고생했고, 1834년 간신히 주의회 의원에 당선됐다. 그러나 2년 뒤 1836년 그는 신경쇠약증 환자가 됐다. 그리고 1838년 하원의장에 낙선했고, 1843년 국회의원에 낙선했고, 1846년 간신히 국회의원에 당선되었지만 1848년 또다시 국회의원에 낙선했고, 1855년 상원의원에 낙선했고, 1856년 부통령에 낙선했지만 1860년 대통령에 당선되었다.

그는 수없는 실패로 얼룩진 삶을 살았지만, 그것은 그저 실패했다는 사실일 뿐이지 링컨이 실패자임을 말해 주는 것이 아니었다. 링컨은 수많은 실패를 겪은 성공자였다. 패자 부활전에서 우승한 것과 같다. 이 우승만큼 통쾌한 것은 없으며, 역전승만큼 재미있는 게임은 없다. 실패는 누구나 할 수 있다. 그러나 실패자는 되지 말아야 한다. 실패는 성공의 어머니요, 승리의 발판이다.

우리가 외면하고 싶은 단어 가운데 하나가 '실패'라는 말이다. 그러나 실패를 경험해 보지 않은 사람은 삶의 참 용기를 모르는 사람이 아닐까? 미국의 만화영화 제작자인 월트 디즈니는 "모험이 없는 곳에는 성취도 없다. 젊은이의 사전에 실패라는 단어는 없다."라고 했다.

실패는 성공을 이루기 위한 한 단계일 뿐이며, 붕어빵을 굽더라도 오랫동안 실패를 거듭해 기술을 쌓은 사람과 초보자는 다르다. 악기

성공이 행복이다

를 연주하는 사람도 마찬가지이다. 홈런을 많이 치는 타자일수록 스트라이크 아웃이 많다. 성공하기까지는 고통도 아픔도 있는 법, 성공을 위해서는 쓰러지면 일어서는 용기가 필요하다.

성공한 사람들은 그 성공만큼이나 실패한 경험이 많다. 이러한 좌절과 실패를 딛고 일어서는 것이 행복이요, 성공이 곧 행복이다. 어떤 통계자료에 의하면 약 10%의 사람들은 인생을 실패자로 살아가고, 약 80%의 사람들은 대중 속에 묻혀서 희망과 비전도 없이 죽어가며, 나머지 10%의 사람만이 인생의 위대한 성공자가 된다고 하였다.

영국의 부수 장군이 전쟁에서 참패해 동굴 속으로 숨었고, 자신의 실패를 치욕으로 받아들인 그는 자살하려 했다. 그때 동굴 입구에 매달린 거미 한 마리가 열심히 거미줄 치는 모습이 보였다. 거미는 불어오는 바람 때문에 거미줄 치는 일에 번번이 실패하고 말았는데, 일곱 번째에 기어이 성공하고 말았다. 부수 장군은 "난 겨우 한 번 실패했다."라며 자리에서 벌떡 다시 일어섰다.

우리는 한 가지만 실패해도 쉽게 좌절하고 절망하고 포기한다. 물론 실패라는 아픔의 고통이 있지만, 실패는 잃는 것도 열등한 것도 아니다. 실패는 배움이며 한번 실패했다고 인생에서 실패한 것은 결코 아니기 때문에 다시 용기를 갖고 재도전하면 된다.

실패는 고통스럽다. 그러나 최선을 다하지 못했음을 깨닫는 것은 몇 배나 더 고통스럽다. 훌륭한 사람의 두드러진 특징은 쓰라린 환경을 이겼다는 사실이다. 실패를 딛고 성공하 면 행복을 거머쥘 수 있다.

성공이 행복이다

1,093개의 발명특허

"성공은 열심히 노력하며 기다리는 사람에게 찾아온다."

– 토마스 에디슨 –

필자는 여러 교도소에서 인성교육을 실시하고 있는데, 교도소는 교육하기에 참 힘들고 어려운 곳이다. 닫혀 있는 마음의 문을 열고 전하고자 하는 메시지를 전달하여 변화를 끌어내야 하기 때문이다.

제일 처음 교도소 강의 때 있었던 일은 강사가 되는 데 큰 전환점이 되었다. 웃음치료사 자격증을 취득하고 요양원을 다니며 봉사하다가 우연히 국군교도소 간판을 보고 봉사를 결심하고 시청 자원봉사센터로 전화를 해서 연계해 달라고 요청하였고, 3개월 후 연락이 와서 봉사를 하게 되었다. 수용자와 군병사들 약 150여 명 정도 참석하였는데, 한쪽 편은 잘 따라 하고 다른 편은 안 따라 하였다. 나중에 안 사실이지만, 잘하는 곳은 병사들이고 안 따라 하는 곳은 장교들이었다.

얼마나 당황하고 죽을 쑤었는지 괴로워하며 강사로 봉사하는 것을 포기하려고 하였으나, 아내가 그래도 가서 봉사하라고 권하여 시작한 것이 현재 서울구치소, 안양교도소를 비롯해 여러 곳의 교정기관에서 인성교육을 하고 있다.

토마스 에디슨은 전구, 축음기, 발전기, 가정용 영사기를 비롯해 무려 1,093개의 발명 특허를 얻어 발명으로 세계기록을 세웠다. 그래서 그를 흔히 '발명왕'이라 한다. 하지만 그 사람만큼 많은 실패를 했던 사람도 없을 것이다. 아마 실패 부문의 세계 기록이 있었다면, 그가 세운 기록은 아직까지 갱신되지 못했을 것이다.

그는 전구 하나를 만드는 데만도 무려 1만 번의 실패를 했다. 전구를 제외한 특허품 1,092개를 만드는 데 열 번씩 실패했다고 가정해도, 그는 총 2만 번이 넘는 실패를 한 셈이다. 이렇듯 그는 보통 사람이 상상도 하지 못할 만큼 많은 실패를 경험했다. 그럼에도 불구하고 그의 인생을 실패자로 보는 사람은 아무도 없다. 그것은 그 자신이 스스로를 실패자로 낙인찍지 않았기 때문이다. 그는 이런 고백을 했다.

"전구를 발명하기 위해 나는 9,999번의 실험을 했는데 성공하지 못했다. '얼마나 더 실패를 되풀이할 셈이냐?'고 묻는 친구의 물음에 나는 다음과 같이 대답했다. '나는 9,999번의 실패를 한 것이 아니고 다만 전구를 만들 수 없는 9,999가지의 이치를 발견했을 뿐이다.'라고 말이다."

이처럼 그는 계속되는 실패에도 좌절하지 않았다.

성공이 행복이다

한 번은 이런 사건이 있었다. 많은 발명품으로 마련한 돈을 가지고 그는 공업용 실험실을 세웠다. 이 실험실은 제품 생산까지 할 수 있는 공장으로 발전되었다. 그런데 그가 67세 되던 해에 공장에 큰 화재가 일어났다. 진화작업에 나섰지만 각종 화학약품과 실험 기구들이 많았기에 불길을 잡을 수 없었다.

이때 에디슨과 함께 그 광경을 목격하던 그의 아들은 연로하신 아버지가 받을 충격에 위로의 말도 제대로 전할 수 없었다. 그러나 공장이 타는 모습을 묵묵히 지켜보던 에디슨은 아들에게 말했다.

"애야, 어서 가서 엄마를 모시고 오너라. 평생가도 이 같은 장관은 아마 다시 구경할 수 없을게다."

결국 그는 모든 사람들의 우려에도 불구하고 재기에 성공했다. 그리고는 80세에 사망할 때까지 왕성한 발명 활동을 계속해 세상 사람들의 부러움과 존경의 대상이 되었다.

하나님께서는 때로 성공이 아닌 실패를 통해서 우리에게 교훈하신다. 그것은 여러 번의 성공을 통한 교훈보다 한 번의 실패를 통한 교훈이 더 마음 깊이 새겨지기 때문이다. 실패는 결코 당신을 파괴시키지 못하며, 다만 실패를 바라보는 당신의 태도가 문제인 것이다. 실패를 좌절이 아닌 교훈의 기회로 삼을 때, 성공을 통해 얻을 수 없는 보다 큰 유익을 얻게 될 것이다.

실패하였는가? 그것은 결코 낙담할 이유가 되지 못하며, 당신은 성공하지 못하는 또 하나의 방법을 깨달은 것뿐이다.

교육의 아버지, 페스탈로치

"성공은 친구를 만들고 역경은 친구를 시험한다."

– 퍼블릴리어스 사이러스 –

필자는 교정교육선교회 예장 서울북노회 기관목사로서 국방부, 법무부 교정위원으로 교정기관과 군부대에서 수많은 수감자들과 병사들에게 강의하며 복음을 전하고, 권영세웃음치료연구소 대표 및 고려대학교 평생교육원, 숙명여자대학교 사회교육원 교수로서 학생들을 가르치며 복음을 전하고 있다.

교회와 기업, 대한민국의 다양한 곳에서 강연 활동을 하며 한 달에도 수백 명의 새로운 분들에게 복음을 전하고 복음으로 생명 낳고 있으니 담임목회를 안 하고 기관사역을 한다고 누가 실패한 목회자라고 하겠는가? 하나님은 실패를 통해서 깨닫게 하시고, 실패처럼 보이는 훈련을 통해서 더 크게 사용하신다.

페스탈로치는 25세 때에 고향 취리히에서 멀지 않은 곳에 토지를 구하고 '노이호프'라고 하는 이상적 농촌을 경영하였으나 실패하였다. 28세 때에는 그곳에 빈민 학교를 설립하고 돈이 없어 교육을 받지 못하는 아동들을 모아 그들에게 일을 시켜 가며 인간적 교양을 가르치고자 노력하였지만, 극심한 재정난 때문에 문을 닫게 되었으니 그것도 실패했다.

프랑스 혁명의 여파로 스위스에 새 공화국이 수립되고, 이를 반대하여 스탄츠 지방에 내란이 발생하는 바람에 그 지방에만도 4백을 헤아리는 고아가 생겼다. 그러자 페스탈로치는 그들을 구제할 목적으로 고아원을 시작하고, 80명의 어린이들을 모아 교육하였지만, 반년도 못 되어 그것마저 실패하고 말았다.

그는 또 이상적 학교를 꿈꾸고 죽기까지 약 20년 동안 그 일에 몰두하여 한때 크게 성공하듯 그의 명성도 사방에 떨치고 세계 각처에서 견학 오는 사람들도 많았다. 그러나 그의 직원 두 사람의 반목과 불화 때문에 결국 문을 닫고 노이호프로 돌아가고 말았으니, 그것 또한 실패하였다. 그는 이와 같은 역경 속에서 실패만을 되풀이한 80년의 생애를 끝마쳤다.

그러나 오늘날 누가 그를 실패자로 부를 수 있겠는가? 비록 그의 사업이 하나같이 좌절의 고배를 마셨으나, 그는 여전히 교육 역사상 가장 위대한 스승중의 한 사람으로서 '교육의 아버지'로 추앙받고 있다.

성공의 기준은 사람이 평가하는 것이 아니라, 하나님이 어떻게 평가하느냐는 것이다. 실패와 좌절을 딛고 일어서는 성공이 곧 행복이다.

성공이 행복이다 ♪ ◡̈

어리석은 자여

"멈추지 말고 한 가지 목표에 매진하라. 그것이 성공의 비결이다."

− 안나 파블로바 −

우리는 성공했다 혹은 실패했다는 것을 자신의 관점에서 평가하지만, 진정한 성공과 실패의 평가자는 하나님이시다. 누가복음에 어리석은 부자 이야기가 나온다.

곳간을 헐고 다시 지을 정도로 부자였지만 하나님을 알지 못하는 부자를 향해 하나님이 "어리석은 부자야, 오늘 밤에 네 영혼을 도로 찾으리니, 그러면 네 예비한 것이 뉘 것이 되겠느냐?"라고 하셨다. 아무리 돈이 많아도 하나님을 알지 못하고 내세의 소망이 없으면 그는 어리석은 실패자인 것이다.

어떤 철도사업가가 임종을 맞이하게 되었다. 그는 수많은 종업원을 거느린 거대한 철도왕국을 이룩했고, 수천만 달러의 돈을 벌었다. 그러나 죽음을 눈앞에 둔 이 사업가는 아들의 손을 잡고 말했다.

"아들아. 너는 지금 이 세상에서도 가장 비참한 실패자의 손을 붙잡고 있다."

그때 아들이 대답하기를

"무슨 말씀을 하세요? 아버지, 아버지가 실패자라니요. 아버지는 위대한 철도왕국을 건설하셨고, 수많은 사람들을 고용했으며 수천만 달러를 벌어들이셨잖아요. 아버지가 실패자라니, 천부당만부당하신 말씀입니다."

라고 하였다. 그때 사업가는 이렇게 말했다.

"아들아. 결코 그렇지 않다. 이런 일을 하는 동안에 나는 그리스도를 멀리 떠났다. 그리스도 안에 있지 아니한 모든 자는 다 실패자들이다."

그의 말은 참으로 옳았다. 그리스도 없는 인생을 산다면 하나님께서는 그에게 '어리석은 자여, 너는 실패한 자로다.'라고 말씀하실 것이 틀림없기 때문이다.

고대 의사들의 아버지, 히포크라테스는 "물질을 잃어버리면 조금 잃어버린 것이요. 명예를 잃어버리면 많이 잃어버린 것이요. 건강을 잃어버리면 모든 것을 잃어버린 것이다."라고 말했지만, 필자는 한 가지 더 추가하여 "예수 그리스도를 잃어버리면 모든 것의 실패자다."라고 말하고 싶다.

성공이 행복이다

그렇다. 피조물인 우리 인간이 창조주요 나의 주인이신 예수 그리스도를 잃어버리면, 아무리 많은 것을 가지고 있다 할지라도 그는 모든 것을 잃은 자요. 인생에 실패자인 것이다. 왜냐하면 내세에 소망이 없기 때문이며, 영원한 천국에 들어갈 수 없기 때문이다.

가치관에 달려 있는 행복

"자신이 하는 일을 재미없어 하는 사람치고 성공하는 사람 못 봤다."

– 데일 카네기 –

요즘 세상에 학력은 물론 중요하지만, 진짜 중요한 건 학력이 아니라 능력이고 실력이다. 얼마나 열심히 사느냐 하는 것과 사람 됨됨이, 즉 인성이 중요하다. 요즘 같은 세상에 학력은 믿을 게 되지 못한다. 워낙 가짜가 많기 때문이다.

특히 국내는 물론, 외국에 이상한 학위 받은 사람들 70%는 공부 못하는 가짜 인생들이라고 한다. 돈 주고 학력을 산다는 게 서글픈 현실이다. 요즘 학력 위주로 사람을 평가하고 채용하기도 하지만, 학력이 좋다고 해서 다 능력이 있거나 행복한 것은 아니다. 인생의 성공과 실패는 어떤 가치관을 가지고 있느냐에 따라 결정된다고 할 수 있다.

성공이 행복이다

유명한 학자라고 해서 모든 시험에 합격만 했던 것은 아니다. 아인슈타인도 취리히 공과대학에 낙방한 경험이 있고, 찰스 다윈도 에딘버러 대학의 의학부에 실패한 적이 있다. 성공한 사람이라고 해서 모두 대학을 졸업한 것은 아니다. 세계적인 기업가 카네기, 배우 채플린, 소설가 디킨스, 발명왕 에디슨, 화가 모네, 극작가 숀 오케이시, 소설가 마크 트웨인 등은 초등학교도 나오지 못했고, 자동차 왕 헨리 포드, 작곡가 조지 거슈윈, 소설가 자크런던, 영화배우 스티브 맥퀸, 화가 모딜리아니, 세계 최초의 비행사 라이트 형제 등은 모두 중학교 중퇴자들이었다.

인생의 성패는 어떤 시험의 합격 여부에 있지 않으며, 인간의 행복은 대학 졸업장이나 화려한 학력에 있지도 않다. 인생의 성패와 행복은 물질에 있지도 않으며 어떤 가치관을 가지느냐에 달려 있음을 명심하자.

약한 데서 온전해진다

"행운은 100퍼센트 노력한 뒤에 남는 것이다."

– 랭스턴 콜만 –

　신체에 장애를 가지고 생활하면 좀 불편할 뿐 장애 때문에 불행하지는 않다. 신체적으로 심한 장애가 있음에도 불구하고 역사 속에 빛나는 발자국을 남긴 사람들을 생각하면 불리한 환경이나 신체적 조건을 말하는 것은 아주 부끄러운 이야기다.

　'시성(詩聖)'이라 불리는 호머도, 밀턴도 맹인이었다. '악성(樂聖)'이라 불리는 베토벤은 청각 장애인이었다. 천하를 정복한 알렉산더 대왕은 곱사등이었다. 바다의 왕자 넬슨 제독도, 유럽을 휩쓴 나폴레옹도, 문호 셰익스피어도 절뚝발이었다.

　감옥이 인생의 끝장인가? 아니다. 존 번연은 감옥에서 불후의 명작 『천로역정』을 썼다. 극심한 추위가 사람을 움츠리게 하는가? 아니

성공이 행복이다

다. 조지 워싱턴은 밸리 포지(Valley Forge)에서 폭설을 극복하고 승리를 거두었다. 가난을 탓하지 말라. 링컨은 통나무 오막살이에서 자라났다. 루스벨트는 휠체어에 앉아 미국과 세계를 다스렸다. 발명왕 에디슨은 30세에 축음기를 만들었는데, 그는 아이 때부터 거의 귀머거리였다. 신약성경을 절반이나 쓴 사도 바울은 여러 병에 시달렸는데, 학자들은 그가 간질 환자였다고 한다.

세상에는 성공해도 잃는 것이 있고 실패했음에도 얻는 것이 있다. 그렇다. 실패하고 많이 아파 본 사람은 시간이 지나 상처가 아문 자리에 더욱 단단해진 새 살이 돋아 있음을 깨닫게 된다. 실패는 사람을 더 넓고 깊게 만들며, 실패를 많이 하면 할수록 성공은 더 빛나는 것이다. 필자의 현재 행복한 삶도 아픔과 실패와 좌절을 딛고 일어섰기에 더욱 빛나는 것이다. 실패와 좌절을 딛고 성공하는 것이 행복이다.

미다스의 손

"명성을 쌓는 데는 20년이란 세월이 걸리며,
명성을 무너뜨리는 데는 채 5분도 걸리지 않는다.
그걸 명심한다면 당신의 행동이 달라질 것이다."

– 워런 버핏 –

요즘 미국에는 로또복권 열풍이 불고 있다고 한다. 우리나라에도
여러 종류의 로또복권이 있다. 수고와 노력 없이 일확천금을 노리거
나 불로소득으로 부자가 되고 싶어 하는데, 돈이 많으면 행복할 것이
라고 생각하기 때문이다. 돈이 많다고 다 행복한 것은 아니다. 오히
려 돈이 많기 때문에 불행한 경우도 있다.

그리스 신화에 나오는 미다스 왕은 엄청난 부자가 되면 행복해질
것이라고 믿었다. 그래서 무엇이든 소원을 들어주겠다는 신에게 자

신의 손이 닿는 모든 것을 황금으로 변하게 해 달라고 간청했다. 신은 미다스 왕의 소원을 들어주었다.

크게 기뻐하며 황금을 만드는 일에 몰두했던 미다스 왕은 어느 순간, 자신의 능력이 행복이 아니라 불행의 원천임을 발견하게 된다. 그가 손대는 음식과 포도주가 황금으로 변해서 먹을 수 없게 된 것이다. 심지어는 사랑하는 딸을 만지자, 그 딸이 왕의 눈앞에서 황금상으로 변해 버렸다. 이 세상에서 가장 부유한 사람이 되어 가장 행복한 사람이 될 것으로 믿었지만, 결국에는 가장 불행한 사람이 되고 만 것이다.

무엇이든 손만 대면 성공하는 사람을 '미다스의 손을 가졌다'고 한다. 그래서 미다스는 성공의 대명사가 되었다. 어쩌면 우리도 미다스가 되기 위한 꿈을 꾸고 있는지 모른다. 그러나 이 이야기가 가르쳐 주듯이 인생에서 가장 중요한 것은 물질적인 것이 아니라 마음가짐이다. 행복과 불행은 다 내 마음 안에 있다.

그렇다면 성공의 기준이 무엇인가? 지금 현재하고 있는 일에 감사하고 만족하면 성공한 삶을 살고 있는 것이다. 아무리 돈이 많아도 감사하지 않고 만족하지 못하면 성공의 삶이라고 말할 수 없다. 이 감사와 만족 그리고 나눌 줄 아는 마음이 성공의 모습이 아닐까?

성공의 기준

사랑은 끝없는 용서의 행위이며
습관으로 굳어지는 상냥한 표정이다.

– 해브록 엘리스 –

성공이란 무엇일까? 돈을 많이 벌면 성공일까, 아니면 명성을 얻으면 성공일까? 돈 버느라고 건강을 잃고 가족과의 사랑과 행복한 대화의 시간을 잃고 있다면, 그 많은 돈이 행복일까?

그렇다면 성공과 행복의 기준이 무엇일까? 사람들은 무엇을 기준으로 성공했다고 혹은 행복하다고 여길까? 그것은 사회 통념이나 다른 사람의 관점에서 결정되는 문제가 아니다. 그것은 그 사람이 무엇을 가장 중요하게 여기는가, 또 무엇을 귀하고 가치 있는 것으로 여기는가에 달려 있다.

결국 성공도 행복도 본인의 마음에 달려 있다. 사회에서 그를 성공

성공이 행복이다

했다고 인정하고 다른 사람들이 그가 행복할 것이라고 여겨도, 본인이 실패했다고 생각하면 실패한 것이며 행복하지 않다고 여기면 그는 행복한 것이 아니다.

갤럽이 미국 국민을 대상으로 '개인적 성공의 기준이 무엇인가?'에 대해 조사한 결과, 가장 많은 응답 내용 6가지는 다음과 같다. 1위는 건강, 2위는 즐거운 마음으로 종사할 수 있는 직업, 3위는 행복한 가정, 4위는 좋은 교육, 5위는 마음의 평화, 6위는 좋은 친구였다.

뜻밖에도 돈과 좋은 집은 20위권에 머무르고 있었다. 이는 성공에 대한 미국 국민의 일반적 생각을 반영한다. 건강과 일은 미국 국민의 주요 관심사이다. 그러나 희생과 봉사 없는 성공이 얼마나 가치 있는 것일까?

어떤 사람에게는 돈이 성공과 행복의 기준일 것이다. 또 어떤 이들에게는 명예와 지위 다른 사람에게 인정받는 것이 성공과 행복의 기준일 것이다. 무엇을 성공과 행복의 기준으로 삼는가 하는 것은 곧 그 사람의 삶을 결정하는 문제이다. 그것은 스스로 선택하는 인생의 지도이다.

필자는 가장 귀하고 아름다운 성공과 행복의 기준은 예수 그리스도를 믿고 마음에 영접하여 주님의 마음과 생각으로 사는 삶이라고 생각한다. 주님의 마음으로 살면, 천국의 행복을 누릴 수 있기 때문이다.

지상 최고의 성공, 지혜

"고독한 영웅에겐 성공보다 실패가 많다."

– 나폴레옹 –

우리는 세상을 살아가는 데 지식은 좀 부족해도 살아갈 수 있다. 그러나 지혜가 부족하면 인생을 살아가는 데 많은 어려움이 따르게 된다. 우리는 지식도 갖추어야 하겠으나 무엇보다도 지혜가 필요하다. 그래서 이스라엘의 세 번째 왕이었던 다윗의 아들, 솔로몬은 지혜를 구하였던 것이다. 그래서 그는 "지혜를 얻은 자와 명철을 얻은 자는 복이 있나니 이는 지혜를 얻는 것이 은을 얻는 것보다 낫고, 그 이익이 정금보다 나음이니라. 지혜는 진주보다 귀하니, 네가 사모하는 모든 것으로도 이에 비교할 수 없도다."고 했다.

지혜는 이 세상 무엇보다 귀중하다. 지혜로우면 머리가 되고 꼬리가 되지 않으며 늘 성공한다, 지혜가 있으면 부귀영화도 얻는다. 또 지혜로우면 죽을 상황에서도 살아난다. 그러므로 지혜를 얻어야 한다.

옛날 어느 나라에 학문과 지혜를 숭상하는 어진 임금이 있었는데, 어느 날 나라 안에 있는 훌륭한 학자들을 불러 모아 놓고 이렇게 명을 내렸다.

"경들은 오늘부터 우리 후손들에게 물려줄 지상 최고의 성공의 지혜들을 모아 책으로 엮어 오시오."

임금의 이러한 명령을 받은 학자들은 세상에 존재하는 온갖 성공의 지혜들을 모아 총 12권의 책으로 엮어 임금에게 바쳤다. 임금은 흐뭇한 표정으로 그 책들을 여기저기 펼쳐 보았다. 그러더니 이렇게 말하는 것이었다.

"과연 이 책 속에 담긴 성공의 지혜들은 모두가 훌륭한 것들임에는 틀림이 없는 같소. 그러나 이처럼 분량이 방대하다면 후손들이 즐겨 읽지 않을 것이오. 제아무리 훌륭한 성공의 지혜가 담긴 책이라도 후손들이 즐겨 읽지 않는다면 무슨 소용이 있겠소? 좀 더 줄일 수 있는 것은 줄여서 아주 간단하게 만들어 보도록 하시오."

학자들은 임금의 새로운 명을 받들어 다시 작업을 거듭한 끝에, 12권의 책을 줄이고 줄여서 이번에는 단 한 권의 책으로 엮은 다음 임금께 갖다 바쳤다. 그러자 그 한 권의 책을 여기저기 훑어보던 임금은 이렇게 말하는 것이었다.

"이것도 너무 분량이 많은 것 같소. 이 한 권의 책에 담긴 성공의 지혜들을 어떻게 단 한마디의 말로 압축할 수는 없겠소? 단 한마디의 말로 압축해 보도록 하시오."

　학자들은 오랜 시간 동안 갑론을박 토론을 거듭한 끝에 단 한마디의 말로 성공의 지혜를 압축하여 임금께 갖다 바쳤다. 그러자 그 임금은 그 한마디의 성공의 지혜를 보면서 이렇게 말하는 것이었다.

　"이 한마디 말이야말로 우리가 후손들에게 물려줄 수 있는 지상 최고의 성공의 지혜임에 틀림이 없소. 보면 볼수록 정말 훌륭하오."

　이 세상에 존재하는 모든 성공의 지혜들을 모아서 12권의 책으로 엮고, 그것을 다시 줄이고 줄여서 한 권으로 엮은 다음, 다시 그것을 줄이고 줄여 단 한마디로 만든 그 성공의 지혜는 과연 무엇일까? 그것은 바로「공짜는 없다」였다. 공짜는 없다는 말을 듣자, 그제야 왕은 무릎을 '탁!' 치면서 내가 찾던 말이 바로 그 말이라고 현자들을 칭찬하였고, 이후 왕은 백성들에게 시간만 나면 "삶에는 공짜가 없다. 노력하는 자에게만 잘사는 길이 열린다."고 강조했다고 한다.

　그렇다. 과연 이 세상에 공짜가 어디 있겠는가? 노력하지 않고 얻어지는 것은 아무것도 없다. 이 세상에 공짜는 없다. 이 글을 읽는 당신은 어떻게 생각하는지 궁금하다. 성공의 ⑴지혜를 '공짜는 없다'로 줄인 것에 당신도 동의하는가? 아니라면, 당신이 생각하는 이 세상의 지혜와 삶의 의미는 한 문장으로 무엇인가?

성공이 행복이다

성공이 아니라 섬김이다

"성공이 아니라 섬김이다."

– 서서핑 –

당신은 성공을 무엇이라고 정의하는가? 필자는 성공은 '섬김'이라고 정의한다. 성공은 얼마나 많이 섬기느냐에 달려 있다. 섬김이 곧 성공이다. 오늘날 많은 사람들이 성공지향 주의를 꿈꾸지만, 진정한 성공은 낮은 사람을 섬기는 것이다.

미국의 강철 왕 카네기(Andrew Carnegie 1835~1919)의 묘비에는 "여기 자기보다 낮은 사람들을 잘 섬길 줄 아는 사람이 잠들었다."라고 쓰여 있다. 참으로 멋진 비문이다.

"성공이 아니라 섬김이다."라는 말은 서서평(E. I. Shepping) 선교사의 좌우명이다. 1912년 3월 32세의 독일계 미국인 간호사가 한국에 선교사로 와서 22년간 사역하였다.

　서서평은 한국인으로 살다가 한국 땅에 묻혔다. 서서평은 말을 타고 다니며 한 달 이상씩 호남권과 제주도까지 복음을 전파했고, 14명의 고아를 자녀로 입양하여 길렀고, 38명의 빈핍한 과부들을 사랑으로 돌봤고, 한센병 환자들을 극진한 사랑으로 섬겼다.

　눈이 파란 처녀 선교사, 서서평. 그녀는 대한 간호협회를 창립하였으며 세브란스 대학의 간호학교를 신설한 사람이다. 인신매매 반대운동, 공창제도 반대운동을 하면서 창녀들의 빚을 갚아 주고 새 삶을 살게 했으며, 축첩 반대운동을 지속적으로 펼치며 계몽했다. 이름도 없이 '개똥 엄마'로 천대받던 여인들의 인권운동을 하고 한글을 가르치기도 했다.

　일제가 한센병의 유전을 막아야 한다고 남자 환자들을 거세하려고 했을 때는 거의 생명을 걸고 시위하여 못하게 했다. 그 결과, 소록도에 한센병원과 요양소가 세워졌다. 서서평은 골수염, 간염, 영양실조가 겹쳐 소천했고, 광주 최초로 광주시민사회장으로 장례가 치러졌다. 그녀의 유언은 "천국에서 만납시다."였다.

　그녀는 무덤이 없다. 왜냐하면 그녀가 죽으면서 자신의 시신을 해부용으로 기증했기 때문이다. 그녀는 아무것도 남기지 않았지만, 지금 우리 한국인들을 부끄럽게 하는 본을 남겼고 큰 교훈을 남겼다. 그녀를 생각할 때면 우리가 섬김이 뭔지나 알고 있는 것일까? 라는 생각이 든다.

　"성공이 아니라 섬김이다."

성공이 행복이다

오늘 이 글이 필자의 가슴에 박힌다. 당시 동아일보는 「자선과 교육사업에 일생을 바친 빈민의 어머니 서서평 양 서거」라는 사설 제하에서 "서서평 양은 다시 태어난 예수"라고 평하였다. 그녀의 머리맡에는 항상 이런 좌우명이 있었다고 한다. '성공이 아니라 섬김이다 (Not success but service).' 이 좌우명이 한국 사람인 우리를 부끄럽게 하는 큰 경종이 되고 있다.

필자는 성공이 아니라 섬김이라는 말에 전적으로 동감한다. 타인을 섬겨 보지 않은 사람은 진정한 행복을 모를 것이다. 필자는 2,500회 이상의 재능기부를 하면서 섬김이 행복이요, 성공이라고 자신 있게 말할 수 있다. 그러므로 섬김의 본을 보임이 곧 행복이 아닐까?

part 10

내려놓음이
행복이다

10

내려놓음이란
무엇인가?

(1) 내려놓음의 끝에는 행복이 있다.

(2) 담아도 담아도 넘치지 아니하고 비워도 비워도 비워지지 않는다.

(3) 비움 없이 평안을 바라는 건 망상이다.

(4) 악은 모든 모양이라도 버리라.

(5) 그릇은 비어 있어야 무엇인가 담을 수 있다.

(6) 모든 일에 예방이 최선책이다. 없앨 것은 작을 때 미리 없애고, 버릴 물건은 무거워지기 전에 빨리 버려라.

(7) 재물과 보화가 가득 차 있을지라도 언제까지나 그것을 지켜 낼 수는 없다.

(8) 우울한 사람은 과거에 살고, 불안한 사람은 미래에 살고, 평안한 사람은 현재에 산다.

⑼ 공(功)이 이루어지면 그 속에 살 생각을 하지 말라. 공(功)이 이루어지면 몸은 떠나야 한다.

⑽ 만족을 모르는 것이야말로 가장 큰 화근이다.

⑾ 끝을 맺기를 처음과 같이하면 실패가 없다.

⑿ 자주 칭찬받다 보면 결국 칭찬이 사라지게 된다.

⒀ 귀함은 천함을 근본으로 삼는다.

⒁ 도에 힘쓰는 사람은 날마다 덜어낸다.

⒂ 행복에 이르는 길은 욕심을 채울 때가 아니라 비울 때 열린다.

⒃ 하나의 이익을 얻는 것이 하나의 해를 제거함만 못 하고, 하나의 일을 만드는 것이 하나의 일을 없애는 것만 못하다.

⒄ 행복하기 위해 무엇을 채우려 하기보다 불필요한 욕심을 버리는 것이 더 좋다.

⒅ 우리는 무엇인가 부족하여 행복하지 않은 것이 아니라, 끊임없이 솟아나는 욕심 때문에 행복하지 않다.

⒆ 아흔아홉 개를 갖고 있어 마지막 하나를 채우지 못함이 불행한 것이 아니라, 나누고 베풀고 양보하지 못하게 하는 헛된 욕망을 버릴 수 없음이 불행하게 한다.

⒇ 보약을 먹는 것보다 몸에 해로운 음식을 먹지 않는 것이 좋다.

내려놓음이 행복이다

행복해지는 비결

"손에 든 커피 잔이 뜨거우면 내려놓으면 된다.
그런데 사람들은 뜨겁다고 괴로워하면서도 잔을 놓지 않는다."

– 법륜스님 –

인간이 아기로 태어날 때는 맨주먹을 불끈 쥐고 울면서 태어나지만, 죽을 때는 손을 펴고 죽는다. 그러므로 인간은 죽을 때까지 움켜쥐고만 살려고 하니 늘 근심 · 걱정 · 불안 · 초조 · 불행하게 살아가고 있는 것이다. 얼마나 많이 내려놓느냐가 관건이다. 내려놓을수록 행복해진다.

어떤 사람이 영험하다는 랍비를 찾아가 물었다.

"랍비님, 저는 사는 게 너무 힘듭니다. 매일같이 이어지는 스트레스로 인해 너무나도 불행합니다. 제발 저에게 행복해지는 비결을 가르쳐 주십시오."

이 말을 들은 랍비는 "제가 지금 정원을 가꿔야 하거든요. 그동안에 저 가방 좀 가지고 계세요."라고 부탁을 했다. 가방 안에는 무엇이 들었는지 모르지만, 그렇게 무겁지는 않았다. 그는 행복의 비결을 말해 주지 않고 가방을 들고 있으라는 부탁에 당황하기는 했지만, 정원 가꾸는 일이 급해서일 것이라고 생각했다.

그런데 시간이 지나면서 점점 무겁다는 생각이 드는 것이다. 30분쯤 지나자, 어깨가 쑤시어 온다. 하지만 랍비는 도대체 일을 마칠 생각을 하지 않고 있었다. 참다못한 이 사람이 랍비님께 물었다.

"랍비님, 이 가방을 언제까지 들고 있어야 합니까?"

이 말에 랍비는 한심하다는 표정을 지으며 이렇게 말했다.

"아니, 무거우면 내려놓지, 뭐하러 지금까지 들고 계십니까?"

바로 이 순간, 이 사람은 커다란 깨달음을 얻을 수 있었다.

행복하기 위해서는 바로 자신이 들고 있는 것을 내려놓으면 된다. 내려놓으면 편안해지고 자유로워지는데, 그 무거운 것들을 꼭 움켜잡고 가지고 있으려니 힘들고 어려웠던 것이다. 우리는 혹 내가 내려놓지 못하는 것이 너무 많은 것은 아닌지 스스로를 돌아보아야 할 때이다.

모두 내려놓아야 행복이 바로 내 옆에 있음을 발견할 수 있다. 이 세상 그 누구 어느 한 사람도 예외 없이 근심 걱정 없는 이가 있겠는가? 무거운 짐들을 내려놓은 만큼 행복해진다.

내려놓음이 행복이다

우리를 안으시는 분

"가진 부자는 순간이고, 비운 부자는 영원이다."

– 웃음천사 권영세 –

필자는 칠 형제 중 말째이기에 어머니는 필자에 대한 애정이 다른 형제들보다 더 각별하였다. 우리나라 속담에 "열 손가락 깨물어 안 아픈 손가락 없다."는 말이 있듯이 부모는 열 자녀를 골고루 다 사랑한다.

그러나 더 관심과 사랑을 쏟는 자녀가 있다. 그것은 자녀가 아플 때나 어려움을 당할 때이다. 자녀가 아프면 밤을 지새우며 간호해 주고 모든 관심과 정성을 기울인다. 그와 마찬가지로, 우리가 실패하고 좌절하고 아프고 절망할 때 하나님은 더 관심을 기울이신다. 신체적 결함이나 약점이 있을 때, 그것을 극복할 수 있는 더 좋은 달란트를 주기도 하신다.

헨리 무어하우스에게는 소아마비로 휠체어 생활을 하는 어린 딸이 있었다. 장애를 가진 아이 때문에 늘 마음 아파하던 그에게 견디기 힘든 어려움이 닥쳐왔다. 그래서 그가 낙망하고 절망하고 있을 때, 하나님은 그의 어린 딸을 통하여 확신을 주셨다.

어느 날, 풀이 죽은 모습으로 어깨를 축 늘어뜨린 채 들어오는 그를 응접실에서 놀고 있는 어린 딸이 반가이 맞아 주었다. 아빠가 들고 들어오는 꾸러미를 보자 휠체어에서 일어나며 물었다.

"아빠 그거 뭐예요?"

"엄마에게 줄 거란다. 엄마 어디 계시니?"

"2층에 계셔요. 아빠 그것 이리 주세요. 내가 들고 갈게요."

"아니, 너는 제대로 걸을 수 없으면서 어떻게 2층에 계시는 엄마에게 이것을 가져다준다고 그러니?"

그런데 그 아이가 "나는 꾸러미를 들고 아빠는 나를 안으면 되잖아요."라고 하였다. 참으로 옳은 말이었다. 그 순간 그의 머리에 섬광처럼 떠오르는 생각이 있었다.

'하나님이 나를 이와 같이 안고 계시는데, 왜 내가 그토록 좌절했던가?'

이 확신을 가지고 그는 회사의 부도로 절망적인 상황이었지만 다시 일어서는 승리자가 되었다.

우리가 힘들어 낙심하고 좌절할 때, 하나님은 우리를 더욱 사랑하시고 안고 고난의 바다를 건너가게 하신다. 절망과 좌절을 내려놓고 하나님의 품에 안겨 보자. 이것이 행복의 비결이다.

내려놓음이 행복이다

하나님이 책임지실 거야

"생명이 있는 한 희망은 있다."

– 세르반테스 –

우리는 하나님이 만드신 피조물이기에 하나님을 떠나서는 우리 스스로는 아무것도 할 수 없다. 하나님 없이 이룩한 것은 언젠가 내게서 떠나고 여지없이 무너지고 만다. 하나님께서 해 주셔야 쉽게 할 수 있고 꿈과 비전을 이룰 수 있다.

한 사업가가 20년 동안 '나는 내 모든 사업을 하나님께 드릴 수 있을까? 나는 내 사업체를 하나님께 드려야 한다.'는 고민을 했다. 그러던 어느 주일 목사님의 설교 중에 "자기의 모든 것을 하나님께 드릴 수 있는 신앙은 가장 귀하고 가치 있는 것이다."고 말씀했다.

그는 집에 돌아오다가 자기 사업을 온전히 확실하게 하나님께 바쳤다. 그런데 바로 그날 밤, 그의 사업장에 불이 났다. 그가 일생을 바쳐 이루어 온 모든 것이 불길에 휩싸였다. 그럼에도 그는 너무나 태연하고도 침착하게 바라보고 있었다. 그런 그의 모습을 본 직원 한 사람이 의아해하며 말했다.

"사장님, 지금 회사가 불타고 있습니다. 큰불이 났어요. 사장님!"

"알고 있네. 그렇지만 문제가 되지 않아. 나는 오늘 이 회사를 하나님께 드렸네. 그래서 이 회사는 하나님의 것이고 하나님이 책임지실 거야. 그러니 염려하지 말게나."

내가 하는 것보다 하나님이 해 주시면 더 완벽하게 하실 수 있다. 우리는 하나님께 모든 것을 맡겨야 하며, 그러면 하나님께서 지혜를 주시고 할 수 있는 능력을 주시고 함께해 주신다. 다윗왕은 "네 짐을 여호와께 맡기라 그가 너를 붙드시고 의인의 요동함을 영원히 허락하지 아니하시리로다(시255:22)."고 했다.

'네 짐을 여호와께 맡겨라, 왜 혼자 지고 야단이냐? 내가 있지 않느냐. 다 내게 맡기고 너는 가벼운 걸음으로 인생길을 가라.'는 것이다. 그러나 많은 사람들은 근심·고통·불안·질병의 무거운 짐을 지고 힘겹게 살아간다. 그래서 목숨을 끊는 사람도 있다. 하나님께 내려놓음이 행복의 길임을 가슴에 새기길 바란다.

내려놓음이 행복이다

버려야 얻는 비밀

"나는 가장 적은 욕심을 가졌으므로 신에 가장 가까운 존재이다."

– 소크라테스 –

죽어야 살고, 비워야 채워지고, 없어야 구하게 되고, 버려야 얻을
수 있다. 가득함에서 탈출하라. 먹은 것을 소화하는 것처럼 비우라.
넘침이 지체하면 그 순간부터 썩는다. 가진 자는 가난뱅이요, 비운
자는 부자이다. 지금 당장 주어라. 움켜쥘수록 빠져나간다.

위의 명언을 다시 한 번 보라. 소크라테스는 "나는 가장 적은 욕심
을 가졌으므로 신에 가장 가까운 존재이다."라고 했다.

젊은 사업가인 워너 메이커가 하루는 장미화원을 잘 가꾼 한 가정
을 방문하게 되었다. 이 집의 주인은 그를 자신의 정원으로 데리고
나가 백장미와 흑장미 등 온갖 장미들을 구경시켜 주었다. 그런 다음

장미꽃들을 꺾어 버리기 시작했다. 몇 개의 덩굴은 꽃 한 송이만을
남겨 두고 모두 가지를 쳐 버리기도 하였다. 이에 놀란 워너 메이커
가 물었다.

"아니, 왜 가지를 모조리 칩니까?"

그러자 주인은 웃으면서 다음과 같이 대답했다.

"좋은 장미 덩굴을 만들려면 가지를 쳐내야 합니다. 내가 가지를
쳐서 잃는 것은 아무것도 없습니다."

가지를 잘라 내 잃는 것이 없다는 말에 충격을 받은 워너 메이커는
그날부터 나누어 주는 사업을 시작했고, 결국 점점 더 큰 사업체를
갖게 돼 나중에는 미국의 대재벌이 되었으며 백화점 왕이 되었다.

밀알은 땅에 떨어져 썩어야 열매를 맺고, 식물은 버려야 돌아온다.
솔로몬은 "너는 네 식물을 물 위에 던지라. 여러 날 후에 도로 찾으리
라."고 했다. 버려야 가벼워지고, 버려야 깨끗해지고, 버려야 새것
으로 채워진다. 잘 버리는 것이 행복이다.

내려놓음이 행복이다

버려야 할 탐욕

"죽음은 인간이 받을 수 있는 축복 중 최고의 축복이다."

– 소크라테스 –

사람의 욕심은 끝이 없으므로 채워도 채워도 채울 수 없는 것이 인간의 욕망이다. 야고보는 "욕심이 잉태한즉 죄를 낳고 죄가 장성한즉 사망을 낳는다."고 했으며 솔로몬 왕은 "무지한 치리자는 포학을 크게 행하거니와 탐욕을 미워하는 자는 장수하리라."고 하였다. 실패와 패배의 원인은 대부분 탐욕과 욕심 때문이다.

알렉산더 왕이 이끄는 군대가 페르시아와 싸우기 위해 전진하고 있었을 때의 일이다. 군인들은 패전을 결심이라도 한 것처럼 힘없이 행군을 하고 있었다. 그때 알렉산더 왕은 그 이유를 재빠르게 알아차렸다. 군인들은 여러 전투에서 얻은 노획물들을 몸에 잔뜩 지니고 있었던 것이다.

이에 군인들의 행군을 잠깐 멈추게 한 알렉산더는 노획물들을 모두 모아 불태울 것을 명령했다. 이 명령에 군인들은 심한 불평을 늘어놓았지만, 결국 그렇게 함으로써 페르시아의 전투에서 승리할 수 있었다.

어리석은 통치자는 탐심이 가득하여 욕심을 채우기 위해 권력을 유용하며 선정을 베풀지 못하고 폭력으로 일을 처리한다. 그러므로 민심을 잃고 항상 암살과 반역의 두려움을 떨치지 못하며, 권좌에서 물러난 후에도 악명을 남기게 된다.

그러나 탐욕을 갖지 않고 청렴하게 살며 사심 없이 백성을 다스리는 통치자는 하나님께서 지켜 주시고 백성들이 따르므로 장구히 통치하게 되는 것이다. 욕심을 버리는 것이 성공과 행복의 비결이다.

내려놓음이 행복이다

출셋길을 포기한 대사

"내일은 희망이고, 오늘은 현실이며,

과거는 추억일 뿐이다."

– 웃음천사 권영세 –

부와 명예와 출세의 길을 포기하기란 쉽지 않은 일이다. 필자는 죽음의 문턱에서 다시 살아나 봉사의 삶을 살면서 문득문득 '노후를 위해 돈을 벌어야 하는데…….'라며 돈 버는 강의를 하고 싶은 생각이 들곤 한다.

그러면 아내는 초심을 잃지 말라며 자신이 70세까지 직장 생활을 하여 돈을 벌 테니, 당신은 죽을 때까지 다른 사람들의 행복을 위해 봉사하라고 한다. 지금보다 더 없을 때도 살았고 앞으로도 노후에도 하나님이 살게 하실 것이라고 한다. 그런 아내가 고맙기도 하고, 또 미안하기도 하다.

스기하라가 일본 대사로 근무할 때였다. 하루는 아침에 일어나 보니 자신의 집 공관 앞에 사람들이 장사진을 이루고 있었다. 그들은 독일 비밀경찰을 피해 결사적으로 도망쳐 나온 유대인들이었다. 그들은 일본 입국 비자를 얻기 원했다. 일본 비자를 받으면 동유럽을 빠져나와 비밀경찰의 손에서 벗어날 수 있었기 때문이었다.

스기하라는 동경으로 그 유대인들에게 비자 발행을 허락해 달라고 세 번이나 전보를 쳤으나, 동경에서는 안 된다는 회신만 올 뿐이었다. 그는 출셋길이냐, 아니면 사람들의 목숨이냐, 이 두 가지 중에서 하나를 택하지 않으면 안 되었다. 결국 스기하라는 출셋길을 포기하고 생명을 살리는 길을 택했다. 본국 정부의 명령에 불복종하는 길을 택했던 것이다.

그날 이후 28일 동안 그는 밤잠도 제대로 못 자고 음식도 제대로 먹지 못하면서 손수 비자를 쓰고 도장을 찍는 일에 열중했다. 이렇게 해서 6천 명의 목숨을 구해 주었던 것이다. 스기하라는 진정 용감한 사람이었을 뿐만 아니라, 진실한 그리스도인이었다.

그는 일본에서 전구를 팔면서 소박하게 여생을 보냈다. 스기하라의 이야기가 알려졌을 때, 기자 한 사람이 그의 아들을 찾아가서 외교관으로서 출세의 길을 버린 아버지의 선택을 어떻게 생각하느냐고 질문했다. 그러자 그 아들은 다음과 같이 대답했다.

"저는 아버지가 성공한 인생을 사셨다고 믿습니다. 왜냐하면 하나님께서 저의 아버지를 필요로 하셨을 때 아버지는 옳은 일을 택했으니까요."

293

자신의 출세와 영달을 포기하기란 결코 쉬운 일이 아니다. 필자도 가끔 내가 죽었을 때 자녀들이 어떤 평가를 할지에 대해 생각하곤 한다. 현재는 아빠의 건강한 모습으로 봉사하며 강의 활동을 하는 모습이 너무 좋다고는 하지만, 사후에도 자녀들에게 자랑스러운 아버지라는 평가를 받고 싶다.

버림의 미학

"행복하기 위해 무엇을 채우려 하기보다
불필요한 욕심을 버리는 것이 더 좋다."

– 웃음천사 권영세 –

세상은 얼마나 많이 가졌는지에 관심을 두지만, 하나님은 얼마나
많이 비워졌는가에 관심을 두신다. 우리 안에 있는 감정의 쓴 뿌리
와 옛 습관, 끈질긴 죄의 유혹과 고집을 비우고 하나님 앞에 깨끗한
빈 그릇이 될 때, 하나님은 우릴 통해 당신의 일들을 이루어 가실 것
이다.

낙엽의 계절이 되어 잎사귀를 하나둘 떨어뜨리고 앙상한 가지를 드
러내는 다른 나무들과는 달리, 상수리나무 하나가 유독 낙엽을 그대
로 지니고 있었다. 거센 겨울 찬바람이 불어와도 잎사귀들은 대부분

떨어지지 않고 그대로 달려 있었다.

그러던 어느 날, 밤새 눈이 엄청나게 내렸다. 나무들의 앙상한 가지 위에는 눈꽃이 피었다. 그러나 잎사귀를 떨어뜨리지 못한 그 나무는 눈의 무게를 이기지 못하고 가지들이 부러져 참담한 모습을 드러내고 있었다. 지난 세월 지녀 온 잎사귀를 차마 버리지 못하더니, 결국 가지가 통째로 부러지고 만 것이다.

이런 말이 있다. "나를 생각하는 마음 반, 남을 생각하는 마음 반이 되어야 인간이 되고, 나를 생각하는 마음이 40, 남을 생각하는 마음이 60이면 천사가 된다고 한다. 반대로 나를 생각하는 마음 60, 남을 생각하는 마음이 40이면 짐승이 된다. 내 속에 내가 너무 많으면 인간 같지 않으니, 타인을 위하여 최소한 자신의 절반을 비워 내야 인간이라 할 수 있다."는 것이다. 이것이 버림의 미학이다.

비우고 내려놓으면 행복하다. 잡고 있는 것이 많으면 손이 아프고, 들고 있는 것이 많으면 팔이 아프다. 이고 있는 것이 많으면 목이 아프고, 지고 있는 것이 많으면 어깨가 아프다. 보고 있는 것이 많으면 눈이 아프고, 생각하는 것이 많으면 머리가 아프다. 품고 있는 것이 많으면 가슴이 아프다.

우리가 아픈 것은 잡고 있고, 들고 있고, 이고 있고, 지고 있고, 보고 있고, 품고 있고, 생각하는 이러한 것들이 많기 때문이다. 작은 행복에도 미소 지으며 무한한 행복으로 가득 채울 수 있는 내려놓음의 끝에는 행복이 있다.

슈바이처의 포기

"우리가 인생에서 진정으로 행복해지고자 한다면

욕심을 내려놓아야 한다."

− 웃음천사 권영세 −

대한민국 국회의원들이 누리는 특권은 무려 200여 가지가 된다고
한다. 선거철이 되면 기득권을 내려놓겠다고 공약하지만, 당선된 후
에는 그저 빈 공약 메아리가 된다. 자기가 가지고 있고, 누리고 있는
소중한 것을 포기하기란 그리 쉬운 것이 아니며, 대단한 용기와 희생
과 결단이 필요한 것이다.

아프리카의 흑인들이 의사가 없어 고통을 당한다는 사실을 알게 된
슈바이처(Albert Schweitzer, 1875~1965)는 모교인 슈트라스부르크 대학에
서 청강생으로 의학을 공부한 후 1913년에 적도 아프리카(지금의 가봉공

화국)로 떠났다.

슈바이처의 재능은 정말 대단했다. 대학에서 신학을 공부하고 철학을 공부했다. 그래서 그는 목사로 대학교수로 활동했으며, 어려서부터 천부적 재능을 발휘했던 파이프오르간의 연주자였다. 또한 그 당시 과도한 풍압으로 오르간의 음색이 손상되는 것을 지적하면서 근대 오르간의 간소화를 위해 공헌한 바도 있다. 특히 그는 음악의 대가인 바하에 심취하여 그를 연구한 음악가이기도 했다.

슈바이처가 아프리카로 떠나기 전 그에게서 가장 중요한 삶 중에서 세 가지를 포기했다. 첫째는 심취했던 바하의 음악을 포기했고, 두 번째는 명성을 떨칠 수 있었던 대학교수직을 포기했고, 세 번째는 풍요롭고 안락한 자신의 삶을 포기했다. 그는 이 모든 것을 포기한 후, 적도 아프리카의 오고웨 강변 랑바레네에 병원을 설립하여 자신의 모든 것을 바쳐 그들을 위해 병을 고쳐 주고 영적인 구원을 위해 복음을 전했다.

그는 자신이 포기했던 것에 대해서 결코 미련을 갖질 않았다. 고난 받는 자를 위한 자신의 헌신이 오히려 그의 마음에 기쁨과 감사를 갖게 했다. 그러나 하나님은 슈바이처의 희생과 사랑에 대해서 침묵하지 않으시고, 오히려 더 큰 것으로 갚아 주셨다.

슈바이처는 그토록 심취했던 바하의 음악을 포기했었지만, 바하 협회는 모든 회원들이 참여하는 대대적인 연주회를 아프리카에서 열어 주었고 대형 오르간을 선물해 주었다. 또한 존경과 명예가 뒤따르는 교수직을 포기했었지만 하나님은 그를 평생 동안 강의할 만한 강의 시간을 단 일 년 동안에 모두 허락하셨다. 안식년을 맞아 귀국한 그에게 대학마다 앞다투어 초청해서 그의 강의를 듣기를 원했다고 한다.

그리고 자신의 풍요롭고 안락한 생활을 포기했었지만, 그가 저술한 자서전을 비롯한 많은 책들이 베스트셀러가 되어 자신의 선택한 삶의 가치를 확인할 수 있어서 그 마음에 충만한 기쁨을 가질 수 있었다.

내려놓음이 행복이다

버릴 것은 버려야

"죽어야 살고 비워야 채워지듯
없어야 구하게 되고 버려야 얻을 수 있다."

– 웃음천사 권영세 –

필자는 2016년 3월 23일, 울산에 발달장애 자녀를 둔 부모교육을
다녀왔다. 교육담당자가 전화로 재능기부강의를 해 줄 수 있느냐고
묻기에 흔쾌히 하겠다고 대답했다. 오전10시부터 두 시간 동안 이루
어지는 교육인데, KTX 열차 시간이 맞지 않아 자가용으로 5시간이
소요되었다.

그렇게 두 시간을 강의하고 필자의 저서 『행복이란 무엇인가?』를
참석자 전원에게 기증하고 왔다. 왕복 10시간이 소요되고 30여 명의
참석자들에게 책을 기증해 주었지만, 피곤하지도 않고 기쁘고 행복하
게 다녀왔다. 왜냐하면 주는 것이 받는 것보다 더 기쁘기 때문이다.

독수리 한 마리가 나이아가라 폭포 위에 있는 호수를 날면서 먹을 것을 찾고 있었다. 때마침 독수리의 눈에 죽은 양 한 마리가 둥둥 떠 내려가고 있는 것이 보였다. 그 순간 독수리는 쏜살같이 내려와서 양의 시체를 날카로운 발톱으로 꽉 움켜쥐고는 그 고기를 뜯어먹기 시작했다. 그러는 동안에도 죽은 양은 계속 물살에 따라 폭포 쪽으로 흘러가고 있었다. 그러나 독수리는 전혀 걱정하지 않고 고기를 뜯어 먹는 일에만 정신이 팔려 있었다.

아마도 이렇게 생각했을 것이다. '나는 날개가 있어서 날 수 있으니까 폭포에 떨어지더라도 아무 상관없어!' 그러는 사이에 죽은 양은 점점 흘러 나이아가라 폭포에 와서는 물줄기와 함께 빠른 속도로 떨어지게 되었다. 그때서야 독수리는 먹기를 중단하고 위로 솟구쳐 오르기 위하여 날개에 힘을 주었다.

그러나 이미 독수리의 발톱이 죽은 양의 몸속에 깊이 박혀서 빠지지를 않았다. 결국 이 독수리도 양의 시체와 함께 폭포수에 휩쓸려 죽고 말았다.

우리의 모습이 이와 같지 않은가? 썩은 송장과 같은 것은 아무리 붙들고 있어도 우리에게 아무런 도움이 되지 않는다. 오히려 우리를 죽음의 길로 인도할 뿐이다.

버릴 것은 버려야 한다. 썩어질 육신을 위한 일에 붙잡히지 말고 영원한 것을 붙잡는 삶, 그것이 바로 행복한 삶이다.

내려놓음이 행복이다

| 맺음말 *epilogue* |

진정한 행복은 어디에 있을까?

필자는 이 책을 집필하면서 가장 큰 보람은 필자의 저서 『행복이란 무엇인가?』를 읽고 많은 독자들이 불행한 환경에서 삶의 용기와 힘을 얻었다는 사실과 우울한 사람, 수감생활을 하는 사람, 삶에 지쳐 있는 사람 등 각계각층의 많은 이들이 삶에 변화를 가지게 되었다는 것이다. 그것은 독자들의 후기에서 잘 말해 준다.

내 생애 정말 친구 같은 책을 만났어요. - 먼로 석영자

60평생 행복이 무엇인지 모르고 살았는데, 이 책을 읽고 비로소 행복을 알게 되어 너무나 행복해요. 나도 이제 행복하게 살 수 있을 것 같아요.　　　　　- 김수현

감옥에서 내 인생을 포기하려 했는데, 이 책을 읽고 많은 변화가 생겼어요. 이 책을 만난 것은 나에겐 천운이에요.

　　　　　　　　　　　　　　　- ○○교도소 한○○

나에게는 이 책을 읽으면서 나도 행복하게 살 수 있다는 희망이 생겼습니다. 얼마 남지 않은 생명, 봉사하며 살고자 캄보디아 선교지로 떠납니다. - 유방암 말기 환우 강ㅇㅇ

이러한 격려를 받으며 『이것이 행복이다』를 스스로 불행하다고 느끼는 분, 행복해지고 싶어 하는 분, 삶이 무의미하다고 느끼는 분, 그리고 몸도 마음도 생각도 정신도 환경도 건강해지고 싶은 분, 성공의 삶을 살고 싶어 하는 분들을 위해 기쁜 마음으로 정성을 다해 집필하였다.

이 책을 읽은 당신은 아마 마음속 깊은 곳에서부터 우러나오는 행복을 느꼈을 것이다. 마음의 상처가 치유되고, 기쁨과 감동이 밀려왔을 것이다. 나도 행복해질 수 있다는 확신 에, 나도 이렇게 살아야겠다는 생각을 했을 것이다. 가족이나 친구나 지인들에게 감동의 글을 들려주고 싶고 소개해 주고 싶을 것이다.

그런 당신에게 이 책을 바친다.